천상의 대화

SPIRITUAL DIRECTION:
Beyond the Beginnings

SPIRITUAL DIRECTION: Beyond the Beginnings by Janet K. Ruffing, R.S.M.
Scripture quotations are taken from the Revised Standard Version Common Bible,
copyright 1973, Division of Christian Education of the National Council of the Churches of Christ in the USA.

The Publisher acknowledges *Presence: The Journal of Spiritual Directors International*(www.sdiworld.org) for portions of chapter 4 that first appeared in the January 1995 issue in an article by the author entitled: "Encountering Love Mysticism."
The Publisher gratefully acknowledges use of the following: Excerpts from *Telling Secrets* by Frederick Buechner, copyright 1991 by Frederick Buechner. Reprinted by permission of HarperCollins Publishers, Inc. Excerpts from *Beguine Spirituality*, edited and introduced by Fiona Bowie and translated by Oliver Davies, copyright 1990, by Fiona Bowie and Oliver Davies. Reprinted by permission. Excerpts from *Manifestations of Grace* by Elizabeth Dreyer, copyright 1990. Reprinted by permission of Liturgical Press. Excerpts from *The Collected Works of St. Teresa of Avila* (Volume One), translated by Kieran Kavanaugh and Otilio Rodriguez, copyright 1976 by the Washington Province of Discalced Carmelites/ICS Publications; 2131 Lincoln Road, N.E., Washington, D.C. 20002 USA. Excerpts from *John of the Cross: Selected Writings*, translated by Kieran Kavanaugh, copyright 1987 by the Washington Province of Discalced Carmelites Friars, Inc. Reprinted by permission of Paulist Press. Excerpts from *Hadewijch: The Complete Works*, translated by Mother Columba Hart, copyright 1980 by the Missionary Society of Saint Paul the Apostle in the State of New York. Reprinted by permission of Paulist Press. Excerpts from *The Spiritual Exercises of Saint Ignatius*, translated by Louis J. Puhl, copyright 1951. Reprinted by permission of Loyola Press.
Excerpt from "Burnt Norton" in *The Complete Poems and Plays, 1909–1950*, copyright 1930 and renewed 1958 by T. S. Eliot. Reprinted by permission of Harcourt Brace & Company and Faber and Faber, Ltd.

Copyright © 2000 by Janet K. Ruffing, R.S.M. Korean translation copyright © 2017 by Hawoo Publishing INC.
All rights reserved. This Korean edition published by arrangement with Paulist Press, Inc.,
New Jersey, through Shinwon Agency Co., Seoul.

이 책의 한국어판 저작권은 신원에이전시를 통해 저작권자와 독점 계약한 (주)도서출판 하우에 있습니다.
저작권법에 의해 한국 내에서 보호를 받는 저작물이므로 무단 전재 및 무단 복제를 금합니다.

천상의 대화 SPIRITUAL DIRECTION: Beyond the Beginnings

초판 1쇄 발행	2017년 8월 9일
2쇄 발행	2022년 10월 4일
교회 인가일	2017.10.24.
지은이	재닛 러핑(Janet K. Ruffing)
옮긴이	염영섭
펴낸이	박민우
기획팀	송인성, 김선명, 김선호
편집팀	박우진, 김영주, 김정아, 최미라, 전혜련
관리팀	임선희, 정철호, 김성언, 권주련
펴낸곳	(주)도서출판 하우
주소	서울시 중랑구 망우로68길 48
전화	(02)922-7090
팩스	(02)922-7092
홈페이지	http://www.hawoo.co.kr
e-mail	hawoo@hawoo.co.kr
등록번호	제475호

ISBN 979-11-86610-92-3 03230
값 12,000원

SPIRITUAL DIRECTION
Beyond the Beginnings

천상의 대화

재닛 러핑 Janet K. Ruffing 지음
염영섭 옮김

한국어판 서문

한국 예수회 염영섭(라우렌시오) 신부님의 번역으로 한국어판 『천상의 대화(Spiritual Direction: Beyond the Beginnings)』가 출간되어 참으로 기쁩니다. 여러 해 동안, 한국에서 천주교와 개신교 학생들이 제가 직접 만나본 적 없는 예수회원들의 추천을 받아 영적 지도를 공부하기 위해 포담대학교에 왔습니다. 그리고 저는 2009년 하유설 신부님(Rev. Russ Feldmeier, 메리놀회)과 유성식 마태오 수사님(성바오로 수도회)이 속한 위원회, 그리고 한국 여자 수도회 장상 연합회 양성장 교육원의 초청을 받아 서울을 방문했습니다. 그때 저는 남녀 수도자들을 위해 기도와 영적 발전에 대한 워크숍과, 또 수도자 양성이나 영적 지도를 맡은 이들을 위한 영적 지도 워크숍을 진행했습니다. 이 워크숍을 통해 영적 지도에서 슈퍼비전 실습과 기타 고급 기술을 안내했습니다. 이 책의 '전이와 역전이' 장의 내용이 그러한 작업의 일부였습니다. 참가자 중 약 60여 명이 영적 지도에 높은 관심을 보였으며, 영적 지도와 슈퍼비전에 대한 더 많은 출판 자료가 필요하다는 것을 알게 되었습니다. 당시 한국에는 정식으로 장기간 진행되는 영적 지도 훈련 프로그램이 없었습니다. 미국 캘리포니아 주 벌링게임(Burlingame)에 있는 자비회 센터(Mercy Center)에서 제공하는 단기 프로그램에 참석한 사람들이 소수 있었고, 일부 영어를 구사하는 이들이 심화 과정 훈련을 받아, 다른 사람들을 영적 지도 사도직으로 이끄는 멘토 역할을 했으며, 특별히 소수의 수도회에서 이런 활동을 하였습니다. 한국에서 영적 지도 훈련에 대해 높은 관심을 보이나 아직은 시작 단계에 머문 듯 보였습니다.

1990년대 미국에서 문화, 종교적 배경, 성별이 각기 다른 영적 지도자들을 대상으로 일련의 워크숍과 강의를 진행한 결과를 바탕으로 이 책을 저술했습니다. 저는 그때 이 책이 영적 지도자로서 기초 훈련과 체험의 시작 단계를 넘어선 지도자들을 성장시켜 주는 지침서이길 희망했습니다. 이 책에 나와 있는 통찰은 10년 이상 피지도자들을 만난 직접 체험을 바탕으로 한 것으로, 영적 지도의 많은 측면이 다양한 사람들을 실제로 많이 지도해 본 후에야 익힐 수 있다는 점도 깨닫게 되었습니다. 저는 1984년 벌링게임의 자비회 센터에서, 또 1986년 포담대학교에서 영적 지도자를 지도하기 시작했습니다. 처음 시작하는 영적 지도자들은 이 책에 나오는 저항, 전이와 역전이 및 기타 주제를 인식하기까지 먼저 실습과 많은 경험이 필요함을 알게 되었습니다.

영어권에서는 『천상의 대화』가 출간된 직후, 영적 지도를 다루는 대부분 프로그램에서 영적 지도자 훈련 초기에 이 책을 과제로 제시했습니다. 이들 프로그램의 멘토들은 피지도자와 작업을 시작하기 전에 훈련 중에 있는 지도자들의 영적 발전과 성장을 위해 이 책을, 특별히 갈망, 사랑의 신비주의, 신학 주제, 하느님과의 상호성에 관한 장들을 활용했습니다. 마찬가지로 영적 지도자가 아닌 많은 사람도 자신의 하느님 체험을, 또 영적 지도를 더 깊이 이해하고자 이 책을 사용했습니다.

한국의 상황에서는 갈망, 사랑의 신비주의, 하느님과의 상호성에 대한 장들이 특히 도전이 될 수 있을 것입니다. 한국 사람들의 경우, 얼마나 자유롭게 자신이 가장 깊이 갈망하는 것을 발견하고 또 추구할 수 있습니까? 한국 그리스도교 교회에서 하느님에 대한 이미지와 하느님 표상은 뿌리 깊은 유교 문화의 영향을 받아 가부장적 하느님 또는 아버지로서의 하느님을 매우 강조할 수 있습니다. 이는 하느님께서 바라시는 만큼 하느님께서 자신을 깊게 사랑하도록 허용하는 데 큰 장애가 될 수도 있습니다. 여러 그리스도교 신비 저술에서 설명하듯이 하느님과 친밀하게 관계를 맺는 상호성은 이러한 실제를 드러내주는 하느님 이미지를 발전시킬 필요가 있으며, 특별히 영적 지도라는 개인적 영역에서 더욱 필요합니다. 그렇지만 강론, 종교 교육, 피정 등에서 공적으로도 알릴 필요도 있습니다.

마지막으로, 2009년 한국에서 워크숍을 할 수 있도록 계획하고 후원해 주셨던 하유설 신부님과 김효성 수녀님께 깊은 감사를 드립니다. 김영미 수녀님(천주섭리수녀회)은 제가 도착하기 전부터 또 워크숍 내내 훌륭한 통역자이자 파트너가 되어 주었습니다. 메리놀 수녀회 진 멀로니(Jean Maloney) 수녀님과 앤 셔만(Ann Sherman) 수녀님은 제가 서울에 머무는 동안 숙식을 제공해 주면서 함께해 준 멋진 동료였습니다. 끝으로 한국에서 저를 환영해 준 포담대학교 출신 신부님들께 감사드립니다.

2012년
주님 공현 대축일에

차 례

한국어판 서문 _____ 4

도입 _____ 13
시작을 넘어서 _____ 13

우리가 원하는 것에 대한 기도: 우리의 원의를 가려냄

영신수련에서 원의 _____ 25
그리스도교 전통 안에서 갈망 _____ 26
우리가 진정으로 무엇을 원하는지를 발견하기 _____ 28
우리의 갈망에 관여 _____ 31
조건화된 욕구들 _____ 41
감각들과 갈망을 명확히 하기 _____ 44
여성들을 위한 갈망을 명확히 말하기 _____ 45
열망의 진보 _____ 48
• 성찰 과제 _____ 53

끊임없이 둘러대는 핑계: 영적 지도에서 저항

영적 지도에서의 저항 _____ 58
　영적 체험에 대한 저항 _____ 59
　기도에 대한 저항 _____ 63
　영적 지도 또는 영적 지도자에 대한 저항 _____ 68
　영적 내담자나 내담자의 종교적 경험에 대한 지도자의 저항 _____ 71
저항을 다루기 위한 제안들 _____ 75
　가능한 접근들 _____ 76
　가볍고 온순한 저항 _____ 79
　심각한 저항 _____ 80
　• 성찰 과제 _____ 82

"금 채취하기": 영적 지도에서 신학적 주제에 주목하기

적용신학들 _____ 86

성령 경험 _____ 94
    긍정적 경험 _____ 96
    부정적 경험들 _____ 97
해방의 은총의 신호들 _____ 101
신앙의 신비 _____ 108
그리스도교의 신앙의 신비 _____ 112
    성인들의 통공(communion) _____ 114
    하느님의 의지 _____ 117
이냐시오 피정에서 신학적 이슈들 _____ 123
신학적 내용에 대한 반응들 _____ 125

- 성찰 과제 _____ 129

사랑받는 이를 찾아서: 영적 지도에서 사랑의 신비

내담자의 사랑의 신비에 대한 영적 지도자의 도전들 _____ 134
그리스도교 전통 안의 사랑의 신비 _____ 138
현시대의 사랑의 신비 _____ 144
    신비적 과정 _____ 147
사랑 신비주의에서 갈망(desire)의 역할 _____ 152
사랑의 신비주의의 도전에 대처하는 방식들 _____ 155

- 성찰 과제 _____ 166

하느님과의 상호성: 사랑받는 이와 사랑하는 이의 서로 자연스러운 교감

예비적인 고려들 _____ **170**

    자아 이미지와 하느님 이미지 사이의 상관관계 _____ **170**

    하느님에 대한 언어의 영향 _____ **172**

    성(gender) 차이 _____ **173**

    하느님 이미지와 성애적(erotic) 에너지 _____ **177**

    하느님 이미지의 근원으로서의 종교개혁 이전의 신비적 전통 _____ **178**

하느님과의 상호성이란 주제의 재발견 _____ **180**

    이냐시오 전통 _____ **182**

    후기 중세 전통으로부터 추가적인 예들 _____ **185**

    도로시의 상상 _____ **187**

    하느님과의 상호성을 향한 아빌라의 데레사의 성장 _____ **193**

    • 성찰 과제 _____ **203**

"가정적 관계: 영적 지도에서 전이와 역전이

전이 _____ **207**

    병렬왜곡 _____ **207**

전이 ___ 209

역전이 ___ 212

지도자가 전이 현상을 놓치는 이유 ___ 214

 영적 지도의 영성적 친구 관계 모델 ___ 215

 권위 차이에 대한 자각의 결핍 ─ 215

 전이를 다루는 데 요구되는 기술 ___ 217

긍정적 그리고 부정적 전이의 인식의 시발점 ___ 218

 긍정적 전이 ___ 218

 부정적 전이 ___ 219

  경미한 수준에서 중간 수준에 이르는 부정적 전이까지 ___ 219

  강한 부정적 전이는 항상 슈퍼비전을 요구한다 ___ 221

영적 지도 관계에서 고유하게 일어나는 전이 ___ 223

 영적 지도자의 이상화 ___ 223

 영적 지도자들은 하느님을 상징적으로 재현한다 ___ 225

 성적 이끌림으로 대체된 지도자와의 영혼의 친구 관계 ___ 229

 영적 지도자가 받는 제도적 전이 ___ 232

• 성찰 과제 ___ 234

 후기 ___ 235

 편집 후기 ___ 239

도입

시작을 넘어서

교회 안에서 영적 지도는 21세기에 접어들어 또 다른 부흥기를 맞이하고 있다. 영적 지도에 대한 관심이 이렇게 다시 일어나고, 현 시대에 따른 영적 지도가 발전함으로써 여러 가지 동향이 생겨났다. 미국 내에서 사목으로 또 학문적으로 영적 지도 훈련 프로그램이 300여 개가 넘게 성황리에 운영되고 있다. 원래 영적 지도는 16세기 이후 로마 가톨릭 남녀 수도회에서 수도자들이 수행하던 일종의 금욕적 수련이었는데, 오늘날에는 여러 교회에서 많은 사람이 큰 관심을 가지고 있다. 그리고 그리스도교 여러 종파에서 생활양식이 다른 남녀로서 다른 사람들에게 영적 지도를 제공할 수 있는 성령의 은총을 받은 사람들도 영적 지도에 높은 관심을 가지고 있다. 복잡한 현대 생활과 그로 인해 신앙에 가해지는 여러 도전, 그리고 매일 그리스도인들이 생활에서 직면하는 다양한 선택은 많은 사람이 하느님과 계속된 친밀감을 유지하려는 삶에서 개인적 지도와 지지를 찾고 있으며, 그들은 각자의 일상생활의 관심사와 예수님의 제자로 살아가려는 하느님과의 관계에서 봉헌하는 자신의 응답에 대해서도 식별을 추구한다.

지도자와 피지도자에게 초기 단계에서 영적 지도의 실제를 소개해 주는 다양한 책이 아주 많다. 이들 도서는 영적 지도의 역사와 식별, 영적 지도와 치료나 상담과의 차이, 영적 지도와 발달심리학, 게이나 레즈비언, 남녀 같은 특정인들을 위한 영적 지도를 훌륭하게 다루었다. 이 책 『천상의 대화(Spiritual Direction: Beyond the Beginnings)』는 사실상 영적 지도의 초기 단계와 목표를 둔 영성생활의 시작을 '넘어' 성숙한 영적 지도자와 피지도자(자신의 영적 지도와 관련해 다른 사람의 도움을 찾는 자들) 모두를 위한 영적 지도의 실제를 제공한다는 점에서 특별히 도움이 된다.

영적 지도에 대한 첫 번째 책 『신앙의 이야기를 밝히기: 이야기와 영적 지도(Uncovering Stories of Faith: Narrative and Spiritual Direction)』에서 필자는 구두로 서술하는 자서전을 통해서 그리스도인의 정체성을 형성해 가는 해석학적 과정으로 영적 지도를 탐구하였다. 이러한 기본적인 이야기 과정은 여전히 영적 지도의 근간으로 이 책에 나타난다. 15년 전에 연구하면서 이 책을 썼을 때만 해도, 필자는 영적 지도자이자 슈퍼바이저로서 사도직을 시작한 지 얼마 되지 않았다. 여기서 제시한 설명은 지속적인 영적 지도와 영적 지도 실습생들에게 슈퍼비전을 제공하면서 얻게 된 성숙한 관점을 통해서 나온 것이다.

그 다음에 제시되는 숙고들은 피지도자의 영적 생활과 실제 영적 지도 과정에서 일어나며, 영적 지도자로서 지속적이고 주의 깊게 관심을 기울여야 하는 고급 주제와 사안, 역동성에 초점을 두었다. 과거에는 영적 각성 이후 5년 이상 영적 지도를 받아온 피지도자들의 체험과 사례, 그리고 성숙한 영적 발전이라는 주제를 다룬 문헌이 현저하게 부족하였다. 『천상의 대화』는 부족한 문헌자료의 공백을 메워 주고 영적 지도자와 슈퍼바이저로서 필자가 익혀온 것 중 가장 중요한 부분을 다룬다.

6개 장 모두가 처음부터 국제 영적 지도자 협회(Spiritual Directors Internatoinal) 국내 모임과 지도자들을 위한 심포지엄 혹은 예수회 북서 관구 관할 사도직인 이냐시오영성연구소에서 이루어진 영적 지도자 워크숍에서 검증되고 발전된 결과다. 이 책의 6개 장은 영성이라는 학문 분야를 학자로서 연구하여 나온 결과로서, 영적 성장을 추구하는 독자들과 개인적 혹은 사목적으로 이러한 숙고로부터 도움을 받을 수 있는 일반 독자들에게 더욱 쉽게 다가가길 희망한다.

영성생활과 영적 지도의 "시작을 넘어서" 단계에 초점을 맞추면서, 현재 국제 영적 지도자 협회에 등록된 영적 지도자와 피지도자 대다수를 구성하는 여성들의 특별한 체험과 필요에 지속적인 주의를 기울이고자 노력하였다. 필자가 하느님께 나아가는 길에서 안내했던 감각, 상징, 관계에 대한 여러 연구 덕분에 내담자들의 풍부한 경험담을 듣게 되었고, 그들의 경험은 허락을 받아 이 책에서 사용되었다.

여기서 필자는 (여러 사례를 통해) 이론적으로 또 실제로 접근하는 일련의 논의를 통해 진행한다. 피지도자의 관점에서 영적 지도에 흥미가 없는 일반 독자는 영적 지도자에게 더 유익하거나 관심이 될 만한 부분을 편안하게 건너뛸 수도 있다. 영성생활에는 독서나 숙고를 통해 발전하는 자기 지도(self-guiding)적 요소가 있으므로, 이 책의 일부분은 실제로 특정 피지도자들에게 자신의 체험을 비춰 주는 계기가 될 것이다.

영적 지도자들에게는 지도자로서 또 피지도자로서 자신의 체험을 성찰할 기회를 주고 장마다 "시작을 넘어서"는 다양한 관심사를 제공한다. 일부 지도자는 필자가 논하는 몇 가지 문제에 해당하는 피지도자를 아직 만나지 못했을 수도 있다. 다른 지도자들은 그들이 동반하는 내담자를 격려하는 일종의 새로운 이해를 발견할 수도 있다. 시작 단계의 지도자와 경험이 많은 지도자 모두 필자가 발전시켜 온 자료에 대해 긍정적으로 반응해 준 덕분에 필자의 통찰을 검증하는 데 도움이 되었다.

이러한 실제적인 목적을 염두에 두고, 각 장은 이론과 실례가 되는 사례 자료와 녹취록 혹은 예 등을 통해 특정 주제를 분명하게 설명하고, 더 숙고할 수 있도록 일련의 질문도 제시한다. 본문 내 수록된 각주들은 출처를 밝힐 뿐만 아니라 각 주제에 대한 더 많은 읽을거리를 소개한다.

이 책의 내용을 순서대로 설명하기 전에, 먼저 성 이냐시오의 **영신수련**을 어떻게 참고하는지 언급한다. 로마 가톨릭의 많은 영적 지도자들은 이냐시오의 **영신수련**에 참여하는 과정을 통해 영적 지도자로 훈련을 받아왔다. 먼저 (종종 여러 차례) 피정자로서, 그리고 이어서 영신수련에 기초해 피정 과정을 지도하는 법을 배운다. 후자의 경우는 30주간, 30일 또는 6일에서 8일에 이르는 방식으로, 영신수련 피정을 구성하는 구조화된 과정과 일련의 관상이라는 구체적 내용과 초점은 물론 일반적인 영적 지도의 역동을 모두 포함하는 특별한 형태의 영적 지도다. 이냐시오식 접근 외에 그리스도교 영성 전통을 연구할 기회를 갖지 못한 많은 지도자는 **영신수련**에 나오는 핵심주제를 다른 각도로 해석하는 데 익숙하지 않다. 이 책에서 필자는 배경이나 종파에 상관없이 영적 지도자라면 모두, 계속되는 영적 지도나 피정 지도 과정에서 어떤 식으로든 마주하게 될 **영신수련**의 핵심주제 중 일부를 다룬다. 이런 맥락에서 필자는 주어진 주제를 **영신수련**과 연관시켜 설명한다.

그러나 필자가 다루는 틀은 이 특별하고도 강력한 영적 도구의 역동을 철저히 이해하면서도, 이냐시오식 관점만 다루는 것보다는 훨씬 폭넓다. 그러므로 필자는 특별히 피정 과정이나 이냐시오식 용어에만 초점을 맞추지 않고 여성 영성 전통에서 비롯되는 자료와 핵심 주제 및 역동성에 대한 고려사항까지도 포함해 다룬다. 다른 장들은 영적 지도자와 슈퍼바이저로서 필자의 경험에서 나온 주제로 시작한다. **영신수련**으로 지도하는 지도자들을 위해 이러한 자료에 대한 중요성을 보여 주고자, 필자는 이 자료가 **영신수련**과 관련하여 어떻게 드러나는지를 언급하지만 이를 논의의 주된 초점으로 삼지는 않는다.

영신수련에 익숙하지 않은 영적 지도자들은 **영신수련** 자체를 참고하지 않고 자신만의 맥락에서 이들 주제와 역동성에 대한 자신의 체험을 숙고할 수 있다. 영신수련은 이냐시오가 살던 시대의 주된 영적 실천들을 구조화하고 이용한 이냐시오만의 방법에 불과하다. 그러므로 이냐시오는 여러 전통 중 하나로 받아들이고 또 기여하면서 그 전통에 관여한 것이다. 이 책에서 필자는 더 광범위한 전통에 의존하면서, 현대적 관점과 자료를 포함한 다른 것들을 사용해 이냐시오식 관점을 보충한다.

이 책은 기도와 영성생활의 갈망을 다루는 것으로 시작한다. 갈망이라는 주제는 아우구스티노로 거슬러 올라가게 되는데 갈망은(심지어 욕정적인 갈망까지도 포함하여) 하느님을 추구함에 있어 에너지를 모으는 하나의 방법으로, 영적 지도에서 그 갈망을 강화시키고 갈망을 표현하도록 한다. 심리학과 심리분석 이론에 따르면, 우리는 자신의 참된 갈망뿐만 아니라 여러 갈망 사이의 갈등도 늘 의식하지 못한다. 이냐시오는 특정 갈망(구하는 은총)을 통해 모든 묵상과 관상의 초점을 마련하는 방법을 채택한다. 기도할 때, 우리는 원하는 바를 표현한다. 이 장은 우리의 갈망을 분류하는 과정과 자신의 진솔한 갈망을 원의로 두고 기도할 때 일어나는 영적 성장이 진보하는 형식을 탐구한다. 종종 자신의 갈망을 향유하고 마음에 둘 때 그런 갈망에 대한 자기 이해가 성장하고, 이들 갈망에 하느님이 영향을 미치고 성취시켜 주시도록 자기 자신을 개방한다.

2장은 영적 지도를 할 때 일어나는 복잡한 저항의 체험을 설명한다. 이 장은 영적 지도 과정에 일어날 수 있는 특정 형태의 저항-기도, 영적 체험, 어떤 내용이나 주제, 혹은 심지어 영적 지도자에 대한 저항 등-을 지도자가 더 잘 이해할 수 있도록 도와준다. 누군가 어떤 내용이나 종교 체험이 함축하는 의미를 회피하거나 그에 저항하는 것은 무의식적이다. 따라서 영적 지도자는 특별히 영성생활의 "시작을 넘어서"면 저항이 생기는 것을 이해하고 예상함으로써 피지도자가 회피의 어려움을 겪을 때 어떻게 도움이 되는 방법으로 반응해 줄 수 있는지를 배울 필요가 있다.

3장은 더 민감하고 전문적인 것을 다룬다. 16세기부터 현재에 이르기까지 성직자가 영적 지도를 책임지면서, 영적 지도에 대한 신학적 접근이 중심을 이루었다. 이러한 맥락에서 초기에 지도자들은 내담자의 종교적 경험과 성찰에 대한 교리적인 정통성을 판단하는 책임을 맡았다. 현대에 이르러서는 많은 영적 지도자들은 사목신학에 대한 학문적 연구를 추구하는 것이 아니라면, 굳이 신학적 훈련을 받지 않아도 된다. 그 결과, 내담자의 체험에서 나오는 신학 주제나 지도자 자신이 적용하는 신학을 제대로 인식하지 못할 수도 있다. 이 장에서는 은총신학의 관점에서 영적 지도 과정에 대한 신학적 기초를 제시하고 내담자가 나누는 이야기에서 자연스럽게 제기되는 신학 주제들을 영적 지도자가 다룰 수 있도록 도전한다. 지도자는 내담자에게서 나오는 신학적 성찰을 평가하거나 판단하기보다, 내담자가 자신의 영성생활을 심화해 가는 논리적 발전을 통해 그리스도교 신앙의 신비를 받아들임을 스스로 인식하도록 도와주기를 권장한다. 내담자 개인의 정확한 신학 표현에 초점을 두기보다 하느님께서 무엇을 또 어떻게 하느님 자신을 내담자에게 계시하는지에 더 초점을 둔다.

4장에서는 영적 지도에서 때때로 '사랑의 신비주의'라고 불리는 특별한 종교 체험의 한 가닥을 탐구한다. (1장에서 소개한) 갈망에 초점을 맞추는 것이 내담자의 영성생활에 중심이 될 때 ― 갈망이 에로틱한 의미로 하느님을 향한 열정으로 표현될 때 ― 많은 내담자와 지도자는 이러한 전통을 잘 모르거나 두려워하기 때문에 이러한 체험에 저항한다. 전반적으로, 사랑의 신비주의는 남성보다 여성에게서 더 두드러진 특징이 있다. 이 장에서 필자는 내담자가 "시작을 넘어서" 영성생활의 또 다른 표시인 신비 체험을 펼쳐갈 때 어떻게 지도자가 그러한 체험을 지지해 줄 수 있는지를 설명한다.

5장은 사랑의 신비주의를 더 깊이 발전시키고 있다. 이 단계에서 영적 지도자나 내담자는 변모를 가져오는 은총의 결과로 가능해진 하느님과의 상호성, 즉 하느님과 진정으로 동반자가 됨을 발견하기 시작한다. 이는 영적 전통에서 간과되어 온 주제이기 때문에, 이러한 주제를 더욱 광범위하게 다룬다. 많은 지도자와 내담자가 설명하기 어려운 사랑의 신비에 마주하면, 하느님과 동반자가 되는 이런 현상이 전통적인 예상을 뒤엎기 때문에 쉽게 혼란스러워 한다. 이는 "시작을 넘어서"는 또 다른 예이므로, 이러한 잠재적 발전보다 더 확실한 경험적 비전이 있으면 지도자는 피지도자가 자신의 영적 발전 상태를 성숙하게 이끌 수 있도록 더 잘 지지할 수 있다.

마지막으로 6장에서는 영적 지도에서 전이와 역전이 체험을 다룬다. 이 장은 사목자로서 내담자의 성스러운 신뢰를 유지할 책임이 있는 지도자들에게 매우 흥미롭고 도움이 된다. 이 책임의 일환으로 요청되는 바는 전이와 역전이를 의식하고 관리함으로써 내담자가 지도자에게서 불러일으킬지도 모르는 걱정과 두려움으로 말미암아 내담자의 영적 발전에 피해를 주지 말아야 한다. 이 단계에서 영적 지도 체험에 대해 성찰할 수 있는 능력이 "시작을 넘어서"의 마지막 체험이고, 이 장에서 필자가 다루는 것이 바로 그 점이다. 내담자의 무의식적 투사인 전이는 시간을 두고 일어난다. 특별히 지도자가 여러 해 동안 특정 내담자와 작업하는 경우, 전이에 주의를 기울이고 영적 지도 과정에서 이루어지는 전이의 특별한 형태를 의식하는 것은 지도자의 윤리적 책무로, 어느 정도 심리학적 지식이 필요하다.

　영적 지도로 내담자를 동반하는 가운데 일반적으로 "시작을 넘어서" 일어나는 영적 지도의 체험과 주제에 대한 이러한 숙고가 지도자와 피지도자의 사고와 숙고를 자극하고, 궁극적으로는 더욱 숙련된 영적 지도에 기여할 수 있기를 바란다.

1장

우리가 원하는 것에 대한 기도:
우리의 원의를 가려냄

•••

우리가 진정으로 원하는 것은 무엇인가? 인간적이면서 신적인 것을 갈구함이 영성생활의 핵심적 특징이다. 우리의 갈망은 영성 추구에 활력을 주고 우리를 하느님께로 인도한다. 더욱 놀라운 것은 우리가 하느님을 그리워하는 만큼 하느님도 우리를 그리워한다는 점이다. 욕구는 삶의 경험 속 곳곳에 있으므로 영적 지도자들은 그것을 탐색하는 데 많은 시간을 보내게 되고, 내담자들의 욕구에 초점을 맞춘다. 그리스도교 영적 전통의 여러 흐름은 (이에 대한) 안내를 제공하고, 다양한 접근 방법을 제안한다. 영적 지도자는 내담자들이 하느님을 향한 갈망을 알아차리고 응답하도록, 그리고 환상에 지나지 않는 욕구들을 알아내도록 돕는 중요한 기술을 발전시킬 필요가 있다.

막데부르그의 메히틸드는 하느님의 갈망과 영혼의 갈망을 놀라운 방식으로 묘사한다. 그녀는 영혼이 하느님께 어떻게 이야기하는지를 우리의 입장에서 말한다.

하느님, 당신은 나의 연인이십니다.
나의 갈망,
나의 넘쳐흐르는 시냇물,
나의 태양,
나는 당신의 반사체입니다.

하느님 편에서는, 하느님 방식으로 영혼에 응답한다.

내가 너를 이토록 사랑하는 것은 나의 본성으로,
이는 내가 사랑 그 자체이기 때문이다.
내가 너를 뜨겁게 사랑하는 것이 나의 열망이고
이는 내가 마음 깊은 곳으로부터 사랑받기를 원하기 때문이다.
내가 너를 오래토록 사랑하는 것은 나의 영원성으로
나는 끝이 없기 때문이다.[1]

영성생활을 시작할 때, 우리는 우리 편에서만 갈망하는 듯 느낀다. 메히틸드의 신비적 통찰은 이를 다르게 표현한다. 그녀는 하느님

---

1 *Beguine Spirituality*, ed. Fiona Bowie, trans. Oliver Davies(New York: Crossroad, 1990), I.4; I.24; 55~56.

의 갈망이 우리의 갈망을 불러일으키고 그 갈망을 부추긴다고 대담하게 주장한다. 하느님 자신이 이러한 갈망을 주도하신다.

영신수련에서 원의

이냐시오의 영신수련을 지도하는 지도자들은 피정자에게 각 묵상을 위한 둘째 길잡이(second prelude)에서 "우리 주 하느님께 내가 원하고 바라는 것을 청하라"고 반복하는 특별한 방법을 제시한다.[2] 피정이 진행됨에 따라 이냐시오는 피정자에게 정확히 무엇을 바랄 것인지를 말한다. 이냐시오는 구하고자 하는 은총의 특별한 순서를 명확히 하였는데 이는 변화하는 과정을 구조화하고 "우리 주님이신 그리스도"와 정서적 친밀감을 증대시킨다.

10개의 구체적 원의(영신수련에 나오는 4주간 묵상에서 구하는 10개의 은총)는 관상의 각 주기의 내용에 부합하는 것으로, 이러한 원의를 중점적으로 다루는 것이 영신수련 과정의 가장 정교한 강점 중 하나다. 동시에 그것은 피정에서 가장 문제시되는 역동 중 하나가 될 수도 있다.

원의를 명확히 하는 것은 아주 효과적인 기술로서, 이것은 피정자의 갈망을 특정한 은총으로 향하게 하나로 모으고, 예수님과 동일시하며 친밀한 관계를 맺게 이끈다. 그러나 우리가 자신의 갈망이 무엇인지 알 수 없으므로, 이 갈망은 문제를 일으킨다. 내담자, 피정

---

2 *The Spiritual Exercises of St. Ignatius*, trans. Louis J. Puhl(Chicago: Loyola University Press, 1951), no. 48.

자, 영적 지도자가 자신이 진정으로 무엇을 원하는지를 꼭 알아야 할 필요는 없다. 영적 지도자가 내담자들이 각자의 갈망을 발견하고 그것을 바르게 해석해 깊숙이 자리 잡은 자신의 원의와 내담자를 위한 하느님의 갈망을 발견하도록 도우려면 노련한 기술과 민감성이 필요하다.

영적 지도자들은 자신이 체험한 이냐시오의 영신수련을 바탕으로 지도자가 되어 간다. 즉 그들이 개인적으로 경험했던 구체적 갈망을 통하여, 전형적으로는 피정자들과 내담자들에게 그들이 현재 무엇을 갈망하는지를 질문함으로써 지도자가 되어 간다. 내담자들은 무엇을 위하여 기도하는가? 무엇을 원하는가? 자신들이 원하는 바를 위하여 어떻게 기도할 수 있고 어떻게 기도하는가?

그리스도교 전통 안에서 갈망

그리스도교 신비 전통에서 클레르보의 베르나르도, 아우구스티노, 메히틸드와 이냐시오를 비롯한 숱한 사람들이, 우리를 향한 하느님의 간절한 생각이 하느님을 향한 우리의 간절한 생각에 선행해, 하느님을 향한 우리의 그리움을 일깨운다고 하였다. 이것은 심오한 영성적인 진실이다. 우리의 갈망은 이미 하느님이 먼저 우리를 갈망함으로 비롯된다. 너무나도 자주 우리와 내담자들은 마치 우리는 어떤 것을 원하고 하느님은 십중팔구 그 밖의 다른 것을 원하시는 것처럼 기도한다. 앞에서 말한 신비가들은 더 깊이 기도했고, 다음과 같이 언급한다. 우리의 갈망, 바람, 그리움, 외적·내적 추구 등이 드러나거나 표현되고 인식될 때, 이 모든 것들이 우리 중심에 있는 사랑하는 하느님께로 (우리를) 이끌어 준다.

아우구스티노가 『고백록』에서 "오, 하느님, 당신 품에 쉬기 전까지 제 마음에 안식이 없나이다."라고 아주 분명하게 말했듯이, 우리 마음의 갈망은 하느님이다. 만족할 줄 모르는 우리의 갈망은, 그 갈망의 근원이요 목표인 거룩한 신비로 우리를 인도한다.

모든 갈망은 궁극적으로 우리를 하느님께로 인도한다. 우리는 종종 우리가 애타게 바라는 더 깊은 것을 인식하지 못하는데 이는 우리가 참으로 원하는 것이 '사물'이 아니라 하느님과 더 친밀한 관계맺기 때문이다. 우리는 거룩한 신비 그 자체가 우리를 소유하기를 열망한다.

사랑과 열망을 통해 하느님께 나아감은 불교 전통과는 대조를 이루는 것으로 이는 우리와 내담자들 중 많은 이들에게 자주 영향을 준다. 불교의 사성제에서는 인간의 모든 고통의 원인은 욕망과 애착이라고 한다. 불교 수행자는 본래 "욕망을 없애도록 서약한다." 불교도들은 우리가 바라는 것, 의지, 그리고 갈망에 대한 애착이 고통을 낳는다고 말한다. 이렇듯 주요 영적 전통들은 하나는 갈망을 통하여, 다른 하나는 갈망의 소멸을 통한 두 개의 전혀 다른 접근 방법을 제시한다.

불교도들은 왜 갈망을 물리치는가? 원함과 갈망은 우리를 미래로 몰아가는 경향이 있기 때문이다. 그것은 우리를 쉽게 하느님 혹은 궁극적 실재가 있는 현재에서 벗어나 필경 환영이며 실현할 수 없는 공상 속으로 우리를 데려가기 쉽다. 갈망의 어떤 요소들은 결코 충족되지 않는다. 붓다가 고통의 원인이라고 하는 그 절망감은 사람들에게 갈망의 노예가 되는 중독형태로 이끈다. 한편 다른 사람들에게는 당면한 좌절이 갈망보다는 희망의 양식으로 발전된다. 또 하나의 관점으로서 붓다의 가르침은 실제로 그리스도교 신비가들과 아주 비슷하다. 붓다는 욕망에 뒤틀린 환영의 측면을 인식하였고, 제자들에게 단순하게 그것을 무시하거나 옆으로 치워 놓으라고 가르쳤다. 그 과정에서 절대적 실재(reality)을 발견할 수 있게 된다. 감성적인 그리스도교 신비가들은 자신의 갈망이 명백해질 때까지 갈망을 강화하도록 권한다. 이 두 접근 방식 모두가 명상가 혹은 기도하는 사람이 관습적이고 피상적인 갈망을 넘어서게 한다.

우리가 진정으로 무엇을 원하는지를 발견하기

나는 많은 그리스도인이 정말 자신이 원하는 바가 무엇인지를 알 수 있을 만큼 충분히 자신의 갈망을 갖고 있지 않다고 확신한다. 만일 자신들이 원하는 것을 습관적으로 억압한다면, 우리를 하느님께로 더 깊이 인도할 수 있는 갈망의 참된 핵심을 절대 발견할 수 없다. 우리의 갈망을 의식하도록 허락하는 용기가 필요하다. 갈망을 의식하게 되면 갈망을 향해 나아가 그 갈망을 실현하거나(갈망의 성취) 아니면 갈망을 실행해 옮기지 못하거나(갈망의 좌절)인데 두 상황중 하나에 대해 책임을 지게 된다.

어찌 되었건 많은 사람은 우리의 갈망이 너무 쉽게 좌절될 것이라고 예상한다. 우리는 우리가 원하는 것을 결코 얻을 수 없다고 확신한다. 그리스도교 전통 안에는 많은 '훼방꾼'이 있다. 우리가 정말로 원하는 것은 분명히 하느님 뜻과 맞지 않을 것이라는 잘못된 인식이 강하게 자리 잡고 있다. 우리는 우리의 의지가 항상 '제멋대로'라고 생각한다. 하느님의 뜻, 하느님의 열망, 하느님의 바람은 항상 우리의 것과 상반될 것이라는 인식은 우리 의지가 하느님의 뜻에 맞추어져 있지 않은 회심의 초기 단계에서는 사실일지 모른다. 그러나 초기 단계를 지나서는 우리의 뜻이 하느님의 뜻과 일치하는 경향이 있다.

우리는 아마도 우리는 하느님의 의지가 우리 각자에게 권위를 가졌던 사람들(주로 그들의 바램만이 중요하다고 우리에게 이해시켰던 사람들)의 의지와 유사하다고 해석해 왔었다. 살아남기 위해, 우리는 그 사람들의 뜻을 만족시키기 위해 우리 자신의 욕구는 젖혀 두어야 했을지도 모른다. 어떤 사람은 부모님의 양육과 훈육과정에서 권위를 가진 인물이 가한 체벌로 말미암아 어렸을 때 자신의 의지가 꺾인 아픈 과거가 있다. 이렇게 복종하도록 교육하면서 어린이에게는 흔히 하느님의 뜻이라고 제시되었다. 지도자들은 하느님의 뜻으로 여겨졌던 그런 부정적 체험이 미친 영향을 의식할 필요가 있고, 내담자들에게 새로운 가능성을 열어 주기 위해 그런 체험을 부드럽게 의식의 표면 위로 끌어올려 줄 필요가 있다.

다음과 같은 훈련이 그대의 성찰에 도움이 될 수도 있다.

자신이 정말 원하는 바가 무엇인지 스스로 물어본 것이 언제가 마지막이었는가? 그 원의를 누리도록 어느 정도의 시간을 허용했는가? 30초, 몇 분? 그 원의가 어떠한 것이든 만족시킬

수 있다고 생각할 정도로 어리석어서는 안 된다고 속으로나 밖으로 소리 내서 암시를 준 적이 있는가? 어느 시점에 자신이 제 맘대로 이기적이라고 판단했는가?

그리스도교 전통을 전해준 사람들은 종종 하느님의 열망과 영적 발달의 초기 단계를 넘어서 우리 열망의 실재가 지닌 더 깊은 차원을 간과하였다. 하느님의 사랑을 인식해 응답하게 되면, 일반적으로 상호 열망의 깊은 흐름이 지속한다. 이는 사실상 하느님의 열망과 하나 되어 반응하는 열망과 원의다. 우리 혹은 내담자들이 영적으로 자각한다면, 메히틸드가 묘사했듯이 우리의 뜻과 하느님의 뜻이 합쳐서 하나의 열망이 된다. 하느님과의 친밀감이 깊어지면서 우리의 무질서하고 그릇된 고집이 치유되고, 서서히 기꺼움, 열림, 넓은 포용력으로 변모된다. 이러한 과정의 인식은 우리의 모든 열망의 실제적 기반인 신적 사랑과 인간의 사랑이 하나로 수렴됨을 알아차리기 시작하는 신호다.

만일 우리의 갈망을 전혀 만족시킬 수 없다고 잘못 생각한다면, 우리는 그 갈망을 거의 소멸시킬 수도 있다. 우리는 그 갈망들이 우리를 어디로 이끄는지 그리고 무엇이 우리를 정말 기쁘게 하는지 한 번도 발견한 적이 없다. 대신에 자신을 만족시키려고 한다. 물건이 되었건 관계가 되었건, 즉각적으로 취할 수 있거나 편리한 것을 약간 불만이 있어도 받아들임으로써 아직 완전한 꼴을 갖추지 못하고 겨우 인식할 정도밖에 되지 않는 상태에서 우리의 진정한 갈망인 하느님과의 친밀감을 묻어 버린다. 우리는 너무나 자주 우리의 깊은 갈망을 만족시킬 수 없는 어떤 것으로 대신 채운다. 우리가 진정으로 갈망하는 상호작용은 전적으로 다르게 일어난다. 어떤 것도, 어떠한 인간관계도 하느님을 향한 우리 갈망을 대체할 수 없다.

미국 문화는 대중매체를 통하여 온갖 광고를 끊임없이 내보낸다. 광고산업은 우리가 무엇을 원하는지를 알려 주는 숨겨진 메시지를 통해 아주 능숙하게 우리의 욕구를 조정한다. 상품 구매를 통해 우리가 점점 더 안정되고 편안하고 안락하다고 생각하도록 유혹한다. 멋진 자동차, 향수, 혹은 탈취제가 행복과 구원을 가져다 준다. 우리에게 이러한 광고 홍수가 미치는 영향이 어느 정도일지는, 한 사람이 하루 평균 천 개의 광고를 보고 듣는다는 사실로 가늠해 볼 수 있다. 평균 한 사람이 하루에 천 개의 광고를 보고 듣는다고 생각하면 된다. 잠시만 생각해도 즉시 특정 상품에 대한 광고문구가 떠오른다. 우리는 가치보다는 물질을 갈망하게 길들여 놓은 문화 속에 살고 있다. 인위적으로 만들어지고 조작된 갈망은 우리를 자신의 내면으로부터 멀어지고 어떠한 고통이나 불편도 멀리하게 한다. 우리가 우리의 내면이 원하는 것을 발견하려면 분류 작업과 시간이 필요하다.

우리의 갈망에 관여

갈망을 품고 그에 집중하도록 장려해 주는 영신수련이나 기도를 통해 진지하게 하느님과 이루는 상호작용은 우리가 할 수 있는 가장 도움이 되고 성장을 확장하는 일 중 하나다. 경험상 그러한 일은 자주 영적 지도자의 지지와 격려가 필요하다. 자신이 무엇을 원하는지를 모른다는 사실을 발견하거나 혹은 선택해야 할 필요가 있는 것을 우리가 원하지 않는다는 점을 발견하거나, 뭔가를 전혀 원하지 않는데도 그것을 선택을 해야 한다는 사실을 알게 되면 종종 놀라거나 당황한다. 우리가 원한다고 여기는 것이 드러날 때마다 우리가 정말 원하는 것인지 아닌지를 검증하는 데 어느 정도 시간이 걸린다. 이렇게 내적으로 추려내려면 익숙한 방법보다 더 깊은 차원에서 자신의 소리에 귀 기울일 수 있다. 결과적으로 기도 안에서 하느님과 만나고 자신의 갈망과 만나려면 인내가 필요하고 진정한 갈망을 가르치거나 순서를 정하는 긴 과정이 필요하다. 이는 오직 우리가 하느님과 구체적으로 상호작용할 때, 또 상호작용을 통해서만 일어난다.

사실 정직하게 우리가 기도하면 갈망에 질서가 잡힌다. 우리는 자신이 무엇을 원하는지 모르고, 또 종종 잘못된 것을 위해 기도하고, 심지어는 힘들게 성공을 쟁취하려고 애쓰듯이 하느님을 잡아채려는 것이 사실이다. 갈망이 생기도록 – 지각되고 인지되며 활용되고 확장되기까지 – 여지를 두고 기도하는 과정을 통해 우리 자신과 갈망이 '구분됨'을 알게 된다. 이냐시오의 안내에 따라, 우리의 갈망에 집중하고, 구체적 은총을 구하면서, 하느님과 대화를 계속하게 되면 우리가 무엇을 원하고, 원하지 않는지를 분명히 알게 된다.

앤과 배리 울라노프의 저서 『본능적인 대화(*Primary Speech*)』를 보면 "기도와 욕구"라는 멋진 제목의 장이 있다. 뛰어난 심리학자인 두 사람은 기도란 일차적 이야기, 즉 우리의 환상, 자기와의 대화, 의식적이거나 무의식적인 열망이라고 한다. 자유롭게 기도하는 가운데 이러한 것들을 표현함으로써 하느님을 신뢰하게 된다면, 우리는 변화되고, 우리가 원하는 것의 형태도 변화된다.

> 욕구는 더 많은 욕구를 낳는다. 기도는 존재의 충만함에 대한 열망과 그 너머에 있는 것을 향해 뻗어가는 우리 마음을 분명히 해주고, 우리가 하느님을 찾아 사랑하도록 도와주며 우리의 사랑이 자라나게 한다. 그것은 마치 씨앗을 싹 틔우는 태양과 같고, 아빌라의 데레사가 영감을 받아 설명한 심상인, 영혼의 정원에서 잡초를 제거하고 물을 주는 일과 같다. 기도는 우리를 향한 하느님의 갈망이 받아들여질 때까지 우리 욕구를 확장한다. 우리는 기도 안에서 우리를 향한 하느님의 갈망, 즉 성령을 온전히 수용할 만큼 성장한다.[3]

그들은 같은 장의 앞부분에서 다음과 같이 주장한다.

> 하느님은 우리에게 무엇이 필요하고, 우리가 무엇을 원하는지에 대하여 들을 필요가 없다. 기도에서 우리가 하는 말들은 하느님께 요구하기 위한 것이 아니라 우리 자신을 위한 것이다. 우리는 이 방법으로 우리가 사실상 원하는 것이 무엇이고, 우리가 손을 내밀어 사랑하는 것이 무엇인지를 발견한다. 이렇게 우리는 살아가면서 잘 알지 못했던 것을 열린 의식에서 포착하게 된다.

---

[3] Ann and Barry Ulanov, *Primary Speech: A Psychology of Prayer*(Atlanta: John Knox Press, 1982), 20. 구절 "우리의 욕망을 가려냄"은 그들 것이다.

놀라운 일들이 일어난다. 우리가 감히 원한다고 생각했던 것보다 더 많이 원한다는 것을 발견할지도 모른다. 기도의 비밀스러운 공간에서, 우리는 우리 자신이 얼마나 진리와 아름다움과 사랑을 원하는지가 드러날 수도 있다. 매일의 삶에서 우리는 보통 이러한 갈망들로부터 몸을 숨기고, 그런 갈망이란 단지 유치한 희망에 불과하기 때문에 살면서 환상을 깨트리는 것이 바람직하다고 냉소적으로 주장하면서도 절실한 갈망으로부터 자신을 보호하려고 애쓴다. 우리가 잘 알지 못했거나 혹은 희미하게 아는 갈망을 발견할 것이며, 이 갈망을 따르다 보면 우리가 아주 조심스럽게 추구해 온 길에서 아주 멀리 벗어나게 될 것이다. 직업을 바꿔야 할지도 모르고, 관계를 정리할지도 모르며, 모든 삶의 양식을 버리고 전적으로 다른 것을 택할지도 모른다. 비평가들이 경고하듯이, 욕구를 추구함이 꼭 방종과 쾌락주의적 감각으로 이끌지 않는다. 오히려 곧장 도덕적 딜레마의 위험에 빠진다. 계속 기도한다면, 기도 안에서 하느님께서 들으시는 우리의 목소리가 점점 커진다. 그것은 진리에 대하여 말하고, 우리가 지금 사는 삶과 뚜렷이 단절되는 삶의 길을 말할 수도 있다.[4]

갈망을 받아들이지 않는 타당한 이유가 있다. 갈망을 향해 나아가지 않아도 되기 때문이다. 이냐시오가 "우리가 원하는 바를 위하여 기도하라"고 요청할 때 그리고 예를 들어, "나를 위해 사람이 되신 우리 주 그리스도를 더욱 사랑하고 더욱 가까이 따를 수 있도

---

4 Ibid., 17.

록 그분께 대한 깊은 인식"(영신수련 104)[5]을 청하라고 구체적으로 말할 때, 이 원의의 어떤 부분은 우리가 원치 않거나 적어도 아직은 원치 않는다는 것을 종종 발견하게 된다. 만일 올라노프가 설명한 것처럼, 갈망이 우리 삶의 회심을 이끌어 낸다면, 우리나 내담자들은 갈망을 발견하거나 은총을 구하고자 기도하는 데 상당히 저항할지 모른다.

이야기꾼(storyteller)인 메건 맥켄나는 멋진 우화를 통해 우리가 갈망을 나의 것으로 받아들이지 않거나 갈망에 따라 행동하지 않으려는 저항을 잘 포착해 전해 준다.

세계평화와 마음의 평화를 소망하고 모든 일이 잘되기를 바라는 한 여인이 있다. 그러나 그 여자는 매우 좌절하고 있다. 세상은 산산이 부서지는 듯하다. 신문을 읽으면 더 우울해진다. 어느 날 쇼핑하기로 마음먹고 한 쇼핑몰에 가서 마음 내키는 대로 한 가게로 들어갔다. 가게에 들어선 여인은 계산대에 예수님이 서 있는 것을 보고 깜짝 놀랐다. 지금까지 성화나 상본에서 보았던 것과 같은 모습이었으므로 그분이 예수님임을 금방 알아차렸다. 여인은 예수님을 한참 지켜보다가 마침내 용기를 내어 물었다. "실례지만 예수님이신가요?" "그렇습니다." "여기서 일하세요?" "아니요, 이 가게 주인이오." "오, 여기서 뭘 파세요?" "온갖 것을 다 팔고 있습니다." "온갖 것을요?" "그렇습니다. 원하는 건 뭐든 있어요. 뭘 원하시지요?" "잘 모르겠어요." "음, 편하게 매장을 돌아보고 목록을 만들어 자신

---

[5] Exercises, no. 104.

이 원하는 것이 무엇인지 살펴보십시오. 그런 다음 와서 함께 살펴봅시다." 라고 예수님이 대답하였다.

여인은 통로를 왔다 갔다 하면서 목록을 작성하였다. 지상의 평화, 전쟁 없는 세상, 굶주림과 가난 없는 세상, 가정의 평화, 화합, 깨끗한 공기, 자원을 잘 사용하기 등. 여인은 열심히 적었다. 여인은 긴 목록을 들고 계산대로 다시 돌아왔다. 예수님은 목록을 집어들고 훑어본 후 여인을 향해 미소 지으며, "문제없어요" 하였다. 예수님은 몸을 굽혀 온갖 종류의 물건을 골라 계산대 위에 죽 펼쳐 놓았다. "이것들이 다 무엇이죠?" 하고 여인이 물었다. "씨앗 봉지들입니다. 여기는 카탈로그 상점입니다." "완성품이 없다는 말씀입니까?" "그렇지요. 이곳은 꿈의 세계입니다. 와서 구경하면 그 씨앗을 팔지요. 집에 가서 자양분을 주면서 잘 키워 주면 누군가가 열매를 거두게 됩니다." "이런!" 그 여인은 그렇게 대답하고는 아무것도 사지 않은 채 가게를 나갔다.[6]

이 비유에 나오는 여인처럼, 우리는 봉지 안에 담겨 있는 갈망의 씨앗들을 그 가게에 기꺼이 두고 갈 것이다. 우리는 변화를 원하지 않으며 하느님을 만나서 함께 갈망을 성취하고자 담대하게 나아가는 것을 꺼린다. 작가이며 영적 지도자인 패트릭 캐롤이 이렇게 말한다. "만일 내가 깊은 차원에서 무엇을 원하는지 정말 알게 된다면, 하느님께서도 바로 그것을 원

---

6 Megan McKenna, *Parables: The Arrows of God*(Maryknoll, N.Y.: Orbis Press, 1994), 28~29.

> 하신다. 하느님께서는 나를 위해 어떤 것들을 만들어 내지 않으신다. 하느님께서는 나의 갈망과 그것을 향한 움직임으로부터 나를 창조하고 계신다." [7]

우리 중 많은 사람은 자신이 진정 무엇을 원하는지 확신하지 못한다. 그러나 우리의 욕구들은 존재하며, 의식적이든 무의식적이든 우리의 모든 행위를 좌우한다. 어찌 되었건 욕구가 존재하기 때문에, 우리의 기도에 초대해 그 욕구들을 함께 식별하는 과정을 거친다. 내가 이해한 과정은 다음과 같다.

> 만일 우리의 욕구를 표현할 수 있는 용기를 낸다면, 예수님 또는 하느님과의 대화를 통해 잘못 이해하고 있는 갈망(욕구)에 영향을 주고 이를 바로잡으며 조명하게 될 것이다. 하느님의 영향을 받도록 허용하는 방식으로 기도하게 되면, 영향을 받아 드러나고 변화하는 데 자신을 열어 놓게 된다. 진정한 갈망을 성취할때까지, 갈망이 변화될 때까지, 또는 하느님께서 우리에게 응답하신다고 확신할 때까지 계속 우리의 진정한 갈망을 표현한다.

사도 바오로는 이 과정을 다음과 같이 자세히 설명한다. "하느님께서 내 몸에 가시를 주셨습니다. …… 나는 이것이 나에게서 떠

---

[7] L. Patrick Caroll, 1995년 8월 오리건주 포틀랜드에서 구두로 발표된 자료에 대한 반응에서, 나는 개정판 자료를 통해서 그의 영향을 받았음에 감사한다.

나게 해주십사 하고 주님께 세 번이나 청하였습니다. 그러나 주님께서는, 너는 내 은총을 넉넉히 받았다. 나의 힘은 약한 데에서 완전히 드러난다고 말씀하셨습니다"(2 코린 12,8 - 9). 관계 안에서 바오로는 자신이 사실상 이 특정한 고통으로부터 해방될 필요가 없다는 것을 발견한다. 다른 것, 훨씬 더 중요한 것이 진행되고 있었다. 바오로가 뭔가를 위해 세 번을 기도했든 아니면 50번 기도했든지 간에, 자신의 원의를 알리고 그 원의를 기도로 바쳤으며 또 그에 대한 응답을 받았다. 그가 원하던 것은 하느님의 응답으로 수정되었다. 이 상호작용과 상호영향을 통해 바오로의 태도와 자기 이해가 바뀌었다.

여기서 나는 별로 중요하지 않은 피상적인 것을 원하는 것이 아니라, 우리 전 존재의 방향성 같은 근본적 갈망을 논의한다. 더 깊은 갈망은 진정성과 하느님 은총에 영향을 받아 변화하는 사람들과 더욱 관련이 깊다. 이러한 갈망은 구체적인 방법으로 그리스도 안에서, 또 그리스도를 통하여 하느님의 생명을 나누는 그리스도인의 부르심을 밝혀 주는 근본적인 부르심(성소)이 된다.

영신수련과 그리스도 중심의 다른 형태의 기도 맥락에서, 예수님의 인격, 예수님의 삶, 사목, 가르침, 죽음 그리고 부활은 구하는 원의(은총)를 구체화하고 분명히 하는 데 중심 역할을 한다. 예수님과 인격적 관계가 형성되면 그 관계로 말미암은 삶이 이루어진다. 일치의 결합이 이루어지는 정감의 기도가 깊어질수록, 예수님은 그리스도인들이 자신의 원의를 알고 살아내도록 구체적으로 도와주면서 그리스도인들 안에 살아계신다. 제자들은 끊임없이 예수님을 관상한다. 그분이 누구시고, 무엇을 가치 있게 여기며, 어떻게 행동하시는지를 관상한다. 우리는 점차 이러한 삶과 가치와 행동을 더 깊이, 그리고 더욱 영속적으로 나누기를 갈망한다.

그리스도인으로서의 삶과 점차 '예수님'과 같은 사람이 되어 가는 신비를 나의 것으로 만들기까지 여러 중간 단계와 우회로를 거치게 된다. 다른 사람의 사랑에 우리가 제대로 응답하지 못했음이 드러나는 관계에서는 치유가 필요하다. 이때 우리는 고치려고 해도 어찌할 수 없는 죄스러움에 직면하는데, 자기 자신과의 화해가 필요함을 발견한다(또는 자기 자신을 용서해야 함을 발견한다). 우리가 사랑하는 데에는 한계가 있어서 원하는 만큼, 우리가 해야 한다고 느끼는 만큼 사랑할 수 없으므로 (누군가가) 사랑을 불어넣어 주어야 한다.

동시에 우리가 원하는 일을 두려워할지도 모른다. 오랫동안 아파 보았다면, 자신을 돌보는 책임을 떠맡기보다는 환자로 있는 것이 더 낫다고 생각할지도 모른다. 진심으로 치유를 원하지 않을 수도 있다. 어떤 상처에 대해 분개하는 마음이나 반감에서 벗어나기 위해 누군가를 용서할 필요를 인식하지만, 여전히 화가 나 있고, 그 화는 우리를 더욱 완고하게 만든다는 것을 발견한다. 그리고 그것을 내려놓기를 원하지 않는다. 그래서 우리는 어떻게 하는가?

(내 개인기도에서나, 내담자들에게 주는 제안을 통해서) 용서하려는 원의를 위해서 기도하거나 화를 내려 놓을 수 있는 원의를 위해 기도하는 것이 도움된다는 것을 알았다. 기본 원리는 정서적 일치다. 우리는 자신의 솔직한 갈망들을 그대로 펼쳐서 표현한다. 예를 들어, 화를 내고자 한다면, 은총 안에서 아직 내것이 되지 않을 가능성이 열려 있는 셈이다. 결국 화를 낼 수도 있다. 우리는 자신이 실제로 느끼는 감정으로 기도할 수 있을 뿐이고, 솔직한 근본적 갈망

으로부터 기도하게 되며, 이는 예측할 수 없는 결과에 우리 자신을 열어 두게 된다. 이러한 정서적 일치로 기도하는 것은 커다란 자유를 준다. 화, 근심, 낙담, 두려움, 상실, 기쁨 등으로 기도할 수 있다. 그러한 느낌이 최종 결말에 이르거나 진저리가 날 때까지 감정을 표현한다. 이런 감정 표현이 끝나면, 응답을 기다린다. 서서히 우리 안에 변화를 발견한다. 복음이라는 렌즈가 새로운 가능성을 드러내 준다. 하느님께서 다른 가능성을 통해 우리를 건드린다. 우리가 해변을 따라 걸으면서 울거나 소리치면서 오래 걷다 보면 진정되고, 그런 다음 순순히 영향을 받아들인다.[8]

지도자와 내담자들은 이러한 과정에서 자신과 감정에, 또 승복과 보류가 공존하는 깊은 내면에 푹 잠길 필요가 있다. 이러한 대화를 시작할 때, "우리가 갈망하는 것이 사실상 무엇인지, 우리가 다가가 사랑하려는 것이 무엇인지를 발견한다."[9]

영적 지도에서 이루어지는 대화는 갈망과 복잡한 감정적 반응의 미묘한 상호작용이 드러나고, 내담자들이 더 깊어진 분별, 자기 이해, 자기 존재로서 다시 기도하도록 격려받는 은총의 장소이다. 우리 지도자들이 내담자들 또는 피정자들과 함께 그들이 실제로 느끼는 감정, 원하는 것, 경험하는 것이 무엇인지를 모색할 때, 내담

---

8   최근의 연구 프로젝트로부터 내가 수집한 인터뷰를 통해 표현하는 방식으로 기도하는 사람들은 그들의 감정을 분출하거나, 하느님 또는 예수님과 이야기하는 패턴을 보이는 것이 공통적임이 입증되었다. 이러한 표현을 하고 난 후, 그들이 기도 안에 머무른다면 처음으로 그들은 그들 자신의 상태를 다르게 보기 시작하거나 또는 하느님이 그들의 마음을 움직이는 감각을 느끼기 시작하는 평화로운 침묵상태에 이르게 될 것이다.

9   Ulanovs, *Primary Speech*, 17.

자/피정자들이 자신의 경험을 재구성하도록 도와줄 수 있으며, 그 결과 내담자/피정자는 영적 지도에서 이루어진 대화를 통해 분명해진 자기의식을 갖고서 기도를 다시 할 수 있다.

조건화된 욕구들

제럴드 메이는 우리의 욕구가 우리 자신에게조차 얼마나 분명하지 않은지에 대한 좋은 예를 제시한다. 우리 문화가 우리에게 원하도록 유혹하는 것을 원한다고 생각하고, 가끔은 우리의 깊은 갈망이 이미 실현되고 있음을 인식하지 못한다.

한 젊은 여성에게 가장 절실히 원하는 게 무엇이냐고 물었다. 그 여자는 즉시 "내가 가치 있는 존재라는 느낌, 경제적 안정, 행복한 가정과 가족입니다." 라고 대답했다. 나는 그녀에게 잠시 침묵 중에 앉아, 바로 이 순간 진정으로 어떠한 갈망을 느끼는지에 마음을 개방해 보라고 하였다. 잠시 후, 그 여자는 눈물이 고인 눈으로 나를 올려다보며 "뭐라고 해야 할지 모르겠어요. 제가 실제로 느끼는 바는 바로 이 순간 만사가 괜찮다는 것입니다. 아니 그 이상이에요. 지금 이 순간 내가 가진 것 이상으로 원하는 것이 없어요. 나는 다시 한 번 조용히 머물러 있기를 권하며, 현재의 느낌을 더욱 깊이 들여다 보고, 그곳에 솔직하게 존재할지도 모르는 갈망은 무엇이든 찾으라고 하였다. 그 여자가 부드럽게 말했다. 말로 표현하기가 참 힘들어요. 제가 참으로 축복받았다고 느끼며 고마움을 느낍니다. 누군가에게 감사하다고 말하고 싶어요. 그 대상이 하느님일까요? 그렇다면, 하느님을 얼싸안고 감사하다고 말씀드리고 싶어요. 그리고 사람들이 좀 더 이런 식으로 느끼고, 더 평화롭기를 바랍니다." [10]

젊은 여성의 첫 반응은 자신에 대한 조정되고 습관화된 생각에서 비롯된 것이라고 제럴드 메이는 시사한다. 즉 광고와 문화가 자기에게 마땅히 원해야 한다고 전하는 것을 먼저 열거했다. 그러나 영적 지도자와의 대화를 통해 지금 이 순간의 감정을 의식하게 되고 이에 따라, 자신의 마음이 그러한 실재에 반응하는 바에 더 가까이 다가간다. 자신의 진정한 갈망이 스스로 모습을 드러냈다.[11] 이는 영적 지도에서 대화가 어떻게 우리의 진정한 욕구를 발견하도록 도와주는지를 보여 주는 훌륭한 예다.

우리가 '조건화된' 응답을 고려할 때, 종교인들은 자기 종교 문화에 의하여 습관화된 일련의 반응을 한다는 점을 의식하는 것이 중요하다. 우리가 청할 갈망이 판에 박힌 것들이 될 수 있다. 이냐시오 성인의 『영신수련』에 따르면 피정자는 다음의 과정에 초대받는다.

- 나의 죄에 대해 눈물을 흘리며 깊은 슬픔과 성장을 청하고,
- 적어도 죄에 빠지는 것에 대한 두려움으로, 나의 잘못으로 말미암아 주님의 영원한 사랑을 잃어버리지 않도록 지나간 고통에 대하여 깊이 아파하는 감각을 청하고,

---

10 Gerald May, *The Awakened Heart: Living Beyond Addiction* (San Francisco: Harper, 1991), 50.

11 Ibid., 50.

- 하느님의 부르심에 귀머거리가 되지 않도록, 즉시 그리고 근면하게 그분의 거룩한 뜻을 수행하도록 우리 주님께 은총을 청하며,
- 나를 위하여 인간이 되신 우리 주님에 대한 친밀한 지식을 청하고, 그리하여 그분을 더 사랑하고 더 가까이 따를 수 있도록 청하고,
- 반역자들 우두머리의 속임수에 대한 지식과 그들에 대항하여 나 자신을 지킬 수 있도록 도움을 청하고,
- 또한 진정한 사령관이요, 주권자에게서 참된 삶의 지식을 청하고, 그를 본받을 수 있는 은총을 청한다.
- 나의 영혼 구령과 신성한 주권을 갖고 계신 하느님의 영광을 위해서 더 나은 것을 선택할 수 있는 은총을 청하고,
- 하느님께 더욱 큰 영광과 찬미를 위하여 매사에 내 마음을 다하도록 우리의 주님인 하느님이 나의 의지를 변화시켜 주시기를 청한다.
- 그리스도의 슬픔에 함께 슬퍼하고, 그분의 고뇌와 함께 고뇌하며, 나를 위하여 그리스도가 인내하신 고통 때문에 깊은 슬픔과 눈물을 청한다.
- 우리의 주님이신 그리스도의 영광과 큰 기쁨 때문에 열렬하게 기뻐하고 즐거워 할 수 있는 은총을 청한다.[12]

이런 원의들은 우리가 원하는 것이 무엇인지를 느끼는, −그러나

---

[12] *Exercises*, nos. 55, 65, 92, 104, 139, 152, 180, 193, 203, 221.

실제로는 원하지 않을지도 모르는- 가운데 우러나온 것이 아니라 외부에서 생겨난 일련의 '의무'나 '당위'가 될 수도 있다. 예를 들어, 어떤 피정자는 더 고통받기를 정말로 원한다고 하지만, 실제로는 그것에 별 관심이 없다. 크게 내키지 않은 채 내적 움직임을 겪으면 결과적으로 기도가 지루해진다. 만일 지도자나 내담자들이 이런 거짓 원의 중 하나로 기도에 집중한다면, 대부분 기도 안에서 아무런 일이 일어나지 않는다.

그러나 때때로 피정자들은 제안된 원의와 심지어 묵상의 내용에 대해서까지 정말로 저항한다. 피정자가 인식하지 못한 채 이러한 저항이 계속된다면, 피정자에게 제시된 (기도) 자료를 추구하려는 노력이 자신의 현실과 감정으로부터 점점 더 멀어지고 하느님께서 당신을 드러내는 길로부터 점점 더 멀어지는 결과를 낳는다. 영신수련을 지도하는 사람은 (영신수련에서) 제시된 초점이 피정자들이 정말 바라는 것인지를 함께 탐색할 필요가 있다. 만약 그렇지 않다면, 지도자는 (피정자의) 기도방식을 돕기 위해 구하는 은총과 묵상을 위한 자료를 다시 설명하거나 재구성할 필요가 있다. 때로는 하느님께서 당신을 드러내고자 선택하시는 방법을 내담자 스스로가 직관적으로 감지한다.

감각들과 갈망을 명확히 하기

피정 이후에 계속 작업을 하거나 계속해서 영적 지도를 할 경우, 느낌, 특별히 원의를 분명히 하는 것이 우리가 추구할 수 있는 가장 중요한 것들 중 하나다. 이냐시오가 구조화한 원의(구하는 은총)의 순서를 보면 영신수련에 임한 피정자가 일반적으로 영적 각성의 초기 여러 단계에서 일어나는 회심의 과정을 겪는다는 것을 전제로 한다. 이러한 원의의 순서는 남성적 의식에서는 전형적으로 은유를 통해서 표현되며, 이러한 은유는 영웅의 여정으로 형상화되고, 영웅적 이상과 추구로 시작해 후기 단계에서 친밀함으로 끝난다. 여성이 겪는 과정은 좀 더 복잡하다. 많은 여성에게서, 삶이란 영웅적 꿈보다는 세세한 일들에서 이루어지기 때문이다. 여성의 원의는 흔히 친밀한 관계맺음과 연관된다. 여성의 원의는 분위기상 특별히 영웅적이지 않을 수도 있다. 그럼에도 이냐시오의 구성 형식은 전통적인 여성성의 속박을 넘어서 더 큰 실재를 꿈꿀 수 있는 초대로 여성의 원의의 확장에 긍정적인 효과가 있게 한다.

여성들을 위한 갈망을 명확히 말하기

"우리가 원하는 바를 청하라"는 이냐시오의 원리에서 그가 열거하는 구체적 원의와 우리의 원의를 구분할 수 있는 인식이 중요하다. 나는 여성 신비가들의 글에 나타난 주제 중 일부를 통해 그러한 갈망의 범위를 확장해 보려고 했다. 예를 들어, 성녀 제르투르다의 영신수련에서는 그리스도나 하느님과의 친밀함에서 성숙해 가는 여성에게 특별히 어울리는 일련의 집중적 갈망이 나의 관심을 끌었다.

제르투르다의 영신수련은 성사 생활과 베네딕토 수녀원 생활로부터 길어 올린 이미지로 표현된다. 제르투르다는 자신의 영신수련을 통해,

- 재탄생에 대한 수련: 새 생명의 거룩함을 통해 하느님 안에서 새로 태어나고 세례 체험과 관련된 일종의 영적 유아로 회복하려는 갈망을 제안한다.
- 영적 회심에 대한 갈망을 논한다. 이는 베네딕토 수도생활의 핵심가치와 관련된다. (한 수도자가 하느님의 "수도원", 즉 사랑과 모든 덕행이 머무는 장소가 되는 것, 문자 그대로 자기 존재 안에 하느님의 사랑을 담보하는 것이다.)
- 서로 소중히 여기는 가운데 사랑을 일깨우는 수련을 통해 영적 혼인으로 피정자를 초대한다.
- 축성의 이미지에서 수도 서원을, 또 가장 열렬한 갈망과 기도를 통해 그리스도를 따르는 방식을 회상한다.
- 애정, 봉헌, 열망과 지향 안에서 자신을 하느님과 일치하는 신비적 결합을 탐구한다.
- 주님 현존에 온전히 만족하게 될 영원을 기대하며, 하느님께 대한 절대적 찬미인 환희 속에서 수련을 제공한다.
- 예수님의 구원 은총을 신뢰하며 잘못을 바로잡는 수련으로 마친다.[13]

현대 독자들에게는 제르투르다의 언어가 너무 과장된 것으로 보일 수 있으나, 사람들이 더욱 담대하게 갈망하고 '확장해 가는' 방법으로 제르투르다가 표현하는 이러한 수련과 갈망에 대한 이미지가

---

13 *Gertrud the Great of Helfta*: *Spiritual Exercises*, trans. Gertrud Jaron Lewis and Jack Lewis, Cistercian Fathers Series, 49(Kalamazoo: Cistercian Publications, 1989). 각자의 이러한 "연습들"은 각 장에서 안내한다.

마음에 든다. 제르투르다가 다루는 주제 중 환희와 같은 일부 주제는 아무리 주의를 기울여도 충분하지 않다고 생각한다. 여러분이나 여러분이 지도하는 이들이 온종일 하느님께 대한 완전한 찬미로 기뻐 용약하며 보낸 때가 언제였는가?

제르투르다의 수련은 잘못을 바로잡는 것으로 끝맺는다. 하느님의 자비와 우리를 소중히 여기시는 사랑 앞에서 회개와 통회가 일어난다. 한편 이냐시오는 여기서 출발한다. 이 두 신비가는 영성생활의 서로 다른 단계에서 피정자들을 지도하는가? 아니면 성별의 차이에서 오는 다름인가? 이 영신수련의 주제들은 두드러지게 여성적 색조를 띠며 지도자와 내담자/피지도자의 상상력을 확장해 다른 어떤 신비 저술가가 이름 붙인 것보다 더 광범위한 범위의 영적 체험을 인식하게 해준다.

패트릭 캐롤은 한 여성이 피정 시작 지점에서부터 집중적 갈망을 드러내는 것을 강조하며 당대에 일어난 예를 보여 준다. 그는 영신수련을 하는 동안 전반적인 갈망(구하는 은총)을 스스로 구체적으로 밝히도록 피정자를 격려하는 것이 중요하다고 강조한다. 이 피정자에게 특별한 은총은 무엇이 될 수 있을까? 한 피정자는 자신의 피정 내내 예수님께서 어떻게 어머니의 사랑으로 사랑하는지에 초점을 두었다. 이 어머니(여성 피정자)에게, 예수님의 모성적 사랑은 다른 사람을 열정적으로 사랑하면서 동시에 진정한 열정적 사랑이라 하더라도 그 대상을 자유롭게 해줄 수 있는 그런 양질의 사랑을 의미했다. 이냐시오가 제시한 열 가지 구하는 은총 이상으로 가능한 갈망을 확장하는 이러한 자유는 조화롭게 성(性)화된 갈망이 이냐시오식 기도 방법으로 들어갈 수 있는 여지를 준다. 지도받는 사람에게서 이렇게 크고 기발한 이미지나 갈망이 드러날 때 지도자들은 그러한 이미지와 갈망을 상상할 수 있어야 하고, 관습적 이미지나 갈망에 갇혀 있을지도 모르는 이들에게는 자신만의 독창적이고 구체적인 갈망이나 이미지로 나아가도록 장려해야 한다.

열망의 진보

제럴드 메이는 갈망으로 시작해 지향으로 나아가며 통제로 마치는 단순한 진전의 과정을 설명한다. "갈망은 무엇인가를 원하는 것, 얼마간의 만족을 열망하는 것이다. 지향은 그렇게 원하는 것을 인정해 자신의 것으로 만들고, 통제는 만족을 추구하도록 선택하는 것이다."[14]라고 서술한다. 제럴드 메이는 많은 사람이 갈망(desire)과 지향(intention) 사이의 공간을 확장할 필요가 있다고 한다. 사실 통제 부분에서는 제한된 성공만 누릴 수 있을 뿐인데도, 우리가 너무 쉽게 통제로 뛰어넘는다고 생각하였다. 그러나 울란노프처럼, 제럴드 메이도 우리가 갈망하는 공간에 자유롭고, 확장될 수 있는 갈망을 허용하길 요청한다. 이렇게 되면, 궁극적으로 하느님과 또 하느님의 사랑하심에 아주 가까이 머무는 온전히 새로운 방식으로 존재하여 살아가게 되고, 이러한 새로운 방식은 갈망하는 과정 중에 우리에게 열린다고 말한다. 우리가 원하는 것을 주장하고, 의식하여 선택하는 것은 하느님의 갈망과 우리의 갈망이 하나가 되어 가는

---

14 May, *Awakened Heart*, 54~56.

과정으로 이끈다.

실제 영적 지도 과정에서 일어난 다음 예는 갈망 및 그들과 구체적으로 관계 맺는 영적 지도 과정에서 나타난 반영이다.

수 잔: 저는 여성을 위한 피정에서 상상력을 활용한 묵상을 안내받았습니다. 무엇인가가 일어나기를 정말 바랐습니다. 어쩌면 다른 누군가가 묵상을 지도한다면, 더 많은 무엇이 일어났을 수도 있겠지요. 내가 느꼈던 모든 것은 현존의 이러한 어렴풋한 위안이었습니다. 평화스러웠지만 그 후에 답답하게 느꼈습니다.

지도자: (이러한 것이 어떠한 것인지, 특별히 어렴풋함에 대해 다시 물어보고, 아무런 이미지가 없었을 때 기도가 어떠했는지를 물어보는 것으로 시작한다.)

수 잔: 평화로움 같은 … 그냥 현존 감각을 주는 것입니다.

지도자: 기도가 그럴 때, 일반적으로 답답하게 느낍니까?

수 잔: 아니오, 대개는 그렇지 않아요.

지도자: 이전에 피정을 하면, 무엇으로 기도해 왔습니까?

수 잔: 예수님께서 당신 얼굴을 보여 주시는 기도를 해온 것 알고 계시지요. 기도 중에 함께하라고 엘렌이 그린 예수님의 얼굴 그림을 제게 주시기까지 하셨잖아요.

지도자: 매일 기도 중에 어떤 일이 일어났는지 좀 더 이야기해 주시겠어요?

수 잔: 아파트의 커피 테이블 위에 그리스도의 얼굴 그림이

있는데, 창문을 향해 편안하게 안락의자에 누워 있습니다. 창문에 스테인드글라스로 된 장식 하나를 매달아 놓았는데, 그것을 통해 빛이 비치지요. 그런데 안락의자에 누우면 아무런 보호를 받지 못한다는 느낌이 들어서 몸을 웅크리고 싶다는 마음이 듭니다(그러면서 무릎을 가슴에 모아, 웅크린 자세를 보여 준다).

지도자: 아파트에서 기도할 때 하느님으로부터 무엇을 원했는지 기억합니까?

수 잔: 예, 하느님과 더욱 친밀해지기를 원했어요. 기도 중에 더 강렬한 느낌을 체험할 수 있기를 원했습니다. 그리고 하느님 얼굴을 보고 싶었습니다. 하느님께서 제게 또다시 당신 자신을 드러내 주시기를 원했습니다.

지도자: 방금 이야기한 특별한 갈망 외에 다른 감정을 느끼지는 않았나요?

수 잔: 글쎄요, 친밀함을 원하지만 어쩌면 그것을 좀 두려워하는지도 모르겠어요. 하느님께서 정말 제게 가까이 오셔도 편하게 느낄 수 있을지 모르겠어요.

지도자: 지금 하는 치료가 어떻게 진행되어 가는지 좀 알려 주실 수 있습니까?

수 잔: 예, 치료도 약간 저의 기도와 비슷해요. 당장은 큰 변화 없이 안정된 상태 같습니다. 어떤 것의 문지방에 서 있는 것 같은데, 아직 그 안으로 들어가지는 못했습니다.

지도자: 하느님과의 관계에서 변화가 생긴다고 늘 고통이나 불편함이 생기지는 않습니다. 지난 몇 달 동안 특별히 강

렬한 느낌을 느끼지는 않았지만, 지속적으로 위안을 체험해 왔습니다. 지금 하느님께서 수잔에게 바라시는 것이 무엇이라고 느껴집니까?

수 잔: 아마도 제가 긴장을 풀고 편안하게, 당분간 이렇게 어중간한 상태에 그대로 있는 것이 아닐까요.

지도자: 하느님께서 어떻게 그런 식으로 당신과 함께하실까요?

수 잔: (자신의 몸을 태아의 자세로 웅크리고는 하느님의 현존을 경험하였다.)

지도자: 예수님께서 다락방에 모여 있던 제자들과 함께하셨듯이, 하느님께서 두려움을 느끼는 당신과 함께하실 수 있을까요?

수 잔: 네, 예수님께서 잠겨 있는 문을 통해 들어올 수 있었던 그 방식이겠지요?

지도자: 기도 중에, 친밀감에 대한 당신의 두려움과 갈망 모두를 하느님께서 어루만져 주시도록 허용하는 상상을 할 수 있겠습니까?

수 잔: (지도자 앞에서 눈에 무엇이 보이는 듯한 묵상에 들어가 무엇이 일어나지를 묘사한다.) 어두운 방이 보입니다. 창문 가리개와 커튼이 쳐져 있습니다. 가리개와 커튼이 걷힙니다. 빛이 방안을 가득 채웁니다…….

지도자: 그렇게 웅크리는데, 하느님께서 어떻게 당신과 함께 계실 수 있습니까?

수 잔: 긴 곱슬머리에 넉넉한 예복을 입은 한 아름다운 여인이 나타납니다. 그 여인이 저를 예복으로 감싸고 있습

니다. 그 여인이 뒤에서 저를 다정하게 안아주는 것을 느낍니다…….

지도자: (수잔이 관상기도에서 나오기를 기다린다.) 잠시 기도 중에 본 이런 이미지에 머물러 있어도 되겠습니다. 하느님께서 뒤에서 다정하게 안아주셨지요. 그리고는 무슨 일이 일어나는지 봅시다.[15]

지도자인 우리가 내담자 또는 피정자들에게 자신이 원하는 것을 위해 기도하도록 요청할 때, 그들의 조건반응에 깊숙하게 들어가도록 도와주지 않는다면 그들에게 별로 도움이 되지 않는다. 위에서 본 예화에서, 수잔은 하느님의 실제적인 현존과 위안을 의식하지 못하도록 무엇이 가로막는지 찾고 있었다. 수잔은 하느님께서 이미 자신과 더 친밀해졌음을 알아차리지 못하였다. 그러나 수잔은 자신이 하느님의 얼굴을 보고 싶어 하면서 동시에 이 은총 받기를 너무 두려워한다는 점도 분명히 깨닫지 못하였다. 수잔이 어느 정도 자신을 보호할(그래서 몸을 웅크린) 필요가 있음을 알아내고 표현할 수 있게 되자, 하느님께서 부드럽고 다정하게 자신과 만나고 있음을 발견하였다. 하느님께서는 친밀감을 바라는 수잔의 갈망에 응답하시지만, 수잔이 안전하게 느끼도록 뒤에서 감싸안는 것으로 만족해하시는 듯하다. 수잔은 하느님께서 이미 사랑 자체에 대한 수잔의 갈망을 일깨워 주신 깊은 곳을 발견하고, 바로 신적 현존과의 합일을 경험하였다. 하느님께서는 놀라운 방식으로 수잔을 만났다.

---

15 내담자의 허락을 받아 사용됨.

성찰 과제

- 영적 지도자로서 혹은 지도받는 자로서 자신의 경험에 비추어 볼 때, 자신이 원하는 것을 위해 어떻게 기도하는가?

- 자신의 진정한 갈망을 발견하기 위해서, 고요하게 가라앉혀야 할 내적 혹은 외적 목소리는 어떤 것인가?

- 어떻게 자신의 갈망을 구별하였으며, 그 갈망에 따라 어떻게 해결하는가?

- 내담자들에게 자신의 핵심 갈망과 저항을 발견할 때까지 계속 느낌을 표현하도록 격려했을 때, 어떤 일이 피정자들/내담자들에게 일어나는가?

끊임없이 둘러대는 핑계:
영적 지도에서 저항

● ● ●

정신과 의사이며 영적 지도자인 제럴드 메이는 저항에 대한 뛰어난 대응에 대해서 다음과 같이 말한다. "영적 체험의 영향을 회피할 때, 인간의 마음은 끊임없이 풍부한 창의성을 동원하여 영적 체험을 피한다."[1] 회피는 저항의 정신분석학적 현상을 시사하는 것이라 함이 적절하며 이 경우 우리의 영적 삶과 연관되어 나타난다. 저항은 무의식적 반응이라고 정의하며, 어떤 사람이 피하는 문제, 경험, 혹은 통찰 등 다양한 형태의 회피행동에서 일어나는 것으로 정상적인 성장의 일부다. 그것은 자신 또는 다른 사람 안의 변화에 대해 양가(兩價) 감정(논리적으로 서로 어긋나는 표상의 결합에서 오는 혼

---

1 Gerald May, *Care of Mind/Care of Spirit*(San Francisco: Harper, 1982), 85.

란스러운 감정 – 옮긴이)을 불러일으킨다.

개인기도 생활과 영적 지도를 수년간 진행한 후, 나는 제럴드 메이보다도 더 강하게 주장하고 싶다. 우리 중 대부분은 영적 체험의 영향뿐만 아니라, 더 혼란스럽게도 우리가 갈망한다고 말하는 하느님 체험도 끊임없이 새로운 형태로 회피한다. 하느님은 다정하게 우리를 친밀함으로 불러내고, 예상치 못하게 우리를 신비 속에 던져 놓는다. 우리의 능력이 확장되고 영적 발달의 과정을 통해서 포용력이 향상할 때까지 이러한 신비와의 만남은 우리에게 너무 벅차다. 대부분 사람은 유혹과 던져짐 사이 어딘가에서 두려워하고 있다. T. S. 엘리엇은 「네 개의 사중주(Four Quartets)」에서 "……인간이 지닌 현실이 너무나도 참을 수 없다."고 하였다. 폴 틸리히는 이와는 조금 다른 동정 어린 표현으로 "만일 그대가 그대의 신으로부터 결코 도망쳐 본 적이 없다면, 나는 그대의 신이 누구인지 의심스럽다."고 하였다. 회피는 우리에게 다가오는 하느님의 친밀함과 하느님의 현존으로부터 멀어지고자 하는 우리의 본능적인 물러남 둘 다에 직접적으로 관련되어 있다. 신비하고 통제할 수 없는 타자이신 하느님의 앞에서, 경외심을 불러일으키는 신비인 하느님 체험은 두렵다.

하느님과의 친밀감으로부터의 도망과 그분과 맺는 친밀감에 대한 두려움의 역동성이 – 하느님의 거룩함, 하느님의 예측 불허함, 심지어는 하느님의 부드러움조차 – 우리의 작고 길들여진 자아의식에 의해서 하느님과 친밀히 만남으로 인한 분명하고도 미묘한 방식들 안에서 위협을 일으키는 일이 생긴다. 이냐시오의 영신수련은 우리를 위한 하느님 사랑의 신비 속에서 더 친밀하고 일관성 있게 사는 것을 점진적으로 배우는 교수법으로 구성되어 있다. 영신수련을 제대로 경험했을 때, 깊은 회심을 불러일으키고 회심한 바를 성장시킨다. 연속적으로, 안정된 피정자를 찾는 이유는 그 사람들이 받은 은총이 더 많이 열매 맺을 수 있도록 향상된 능력을 계속 개발하기 위하여, 하느님을 통해 더욱 충만해지도록, 이렇게 하느님을 소유함으로써 하느님께서 이 세상에서 그들을 통하여 그들 안에서 일하시도록 하기 위함이다. 계속되는 이 과정은 피정 자체의 체험을 넘어 잘 연장될 수 있고, 일생을 통하여 무르익어 간다. 자주 이러한 과정은 성공적인 피정의 경험에서 특별한 표현을 발견한다.

신비적 과정의 발전은 지속적이고 성공적인 변모로 이루어진다. 우리와 우리 내담자들이 하느님께 승복하고, 우리 자신이 완전한 길을 통과하도록 투신한 이후, 어떤 것도 더 이상 이전과는 같을 수 없다. 우리가 변화해야 할 필요를 희미하게 감지할 때마다, 대부분 사람은 그 변화의 원인이나 환경에서 벗어나기 위하여 편한 방법을 찾는다. 모든 방어기제를 사용하는데, 이것은 우리가 그렇게 선택해서가 아니라 현재의 자아존재감과 삶의 양식이 자연적으로 자기방어를 하기 때문이다. 그것은 계획된 것도 아니고 의식적인 것은 더욱 아니다. 결과적으로, 영적 지도자는 이 역동성을 철저하게 이해할 필요가 있다. 그것들은 자연스럽게 생겨나는데, 영적 지도자인 우리가 어떻게 반응하느냐에 따라 내담자들의 삶에서 많은 변화를 이끌어낼 수 있다.

저항은 끊임없는 다양하고 모호한 반응을 적절히 설명하는 전문적인 심리학 용어이다. 그럼에도 이 용어는 영적 지도자가 내담자와 함께 사용할 용어는 아니다. 우리가 내담자들에게 마치 취조하듯이

"왜 당신은 저항합니까?"라고 묻는다면, 여기서 예상되는 반응은 더욱 방어적일 것이다. 그렇다 할지라도, 저항은 영적 지도자이면서 기도하는 사람들로서 우리가 모두 이를 통하여 아주 전형적인 경험들을 숙고하고 인지하는 데 유용한 개념이 될 수 있다.

영적 지도에서의 저항

위에서 정의한 바와 같이, 저항은 무의식적인 회피로 이루어졌다. 우리 자신과 다른 사람들에게 있는 변화에 대한 양가 감정은 이 미묘한 반응들을 설명해 준다. 1장 끝부분의 녹취록에 나온 수잔의 이야기처럼, 우리는 우리가 갈망하는 바를 주장하고 지향하지 못하게 방해하는 두려움을 자주 의식하지 못한다. 예를 들어, 우리가 수잔처럼 하느님과의 더 큰 친밀감을 원할지라도, 우리 역시 하느님이 우리의 갈망을 채워 주심으로써 변화될 수 있는 삶의 양식을 맞이할 준비가 아직 안 되었거나, 그것을 원하지 않을 수도 있다. 우리는 종종 변화를 원하지만, 기꺼이 도구가 되려고 하지는 않는다. 대부분 사람은 우리의 행동이 변화되는 것 혹은 우리 자신을 투신하는 것을 두려워한다.

(심리학적) 정의에 따르면, 모든 사람은 언제나 저항한다. 저항은 전적으로 무의식적이므로 그것이 의식화될 때까지 우리는 어찌할 도리가 없다. 회피의 깊이와 강렬함에는 정도 차이가 있다. 가벼움, 중간, 혹은 심각함이다.[2] 정도에 대한 개념은 영적 지도자 중에서

---

2 Michael Cavanaugh, *The Counseling Experience*(Monterey: Brooks/Cole,

임상의학자로 훈련받지 않은 사람들에게는 아주 중요하다. 수잔의 영적 지도에서, 그녀는 자신의 기도 안에서 경험하던 장애를 기꺼이 살펴볼 수 있었는데, 그녀의 저항 수위는 꽤 낮은 편이었다. 수잔은 하느님과의 친밀감을 원했지만, 자신이 그것을 두려워한다는 것을 인식할 수 있게 되자 긴장을 풀 수 있었다. 수잔은 면담 과정에서 상당히 여유가 있었고 하느님께서 자신의 두려움 안에 함께 계시도록 허용할 수 있었다. 내담자가 잠정적인 저항을 찾아낼 수 있다면, 이는 지도자가 내담자와 함께 부드럽게 작업한 영적 지도의 적시성과 적절성을 의미한다. 그녀가 혼자일 때, 그리고 두려움을 의식하지 못했을 때는 불가능했지만, 영적 지도자의 도움으로 하느님과 더 큰 친밀감을 바라던 자신의 갈망을 향해 나아갈 수 있게 되었다.

상담 치료나 정신분석(이 개념이 나온 분야다)의 맥락에서 볼 때, 저항은 보통 치료사가 내담자와 함께 다루고자 하는 어떤것을 회피함을 뜻한다. 상담가들은 보통 저항을 즉각적으로 그리고 직접적으로 느낀다. 나는 무의식적 역동성을 언급할 때 이 용어를 적용하는데, 영적 지도의 대화에서 경험한 저항의 역동을 세 범위로 인지하였다.

영적 체험에 대한 저항

영적 지도 안에서 나타나는 저항의 첫째 유형은 내담자가 종

1982), 240~263; Gerard Egan, *The Skilled Helper*, 2d edition(Monterey: Brooks/Cole, 1982), 152~155; May, *Care of Mind/Care of Spirit*, 5장과 6장은 유익한 서술과 저항의 토론이다. 나는 주로 Cavanaugh에 기초를 둔다.

교 체험 자체를 회피하는 것이다. 영적 지도 대화는 내담자와 하느님과의 관계에 초점을 둔다. 내담자가 이 관계에서 무엇인가를 회피할 때, 그 회피는 지도자와는 아무 상관이 없다. 그것은 '하느님 인간' 관계 부분이다. 어떠한 경험이 내담자를 놀라게 하므로 그들은 그들 자신의 삶안에 들어오시는 하느님으로부터 자주 도망친다. 어떤 경험이란 관계 안에서 하느님이 주도하심에 대한 놀라움, 하느님 현존의 강렬함, 내담자에 대한 애정 어린 응답, 자기 이미지에 대한 위협의 감지, 기도 방법의 변화 등이거나 또는 불쾌한 결과, 바람직하지 않은 결과들이 올 것이라는 느낌 등이다. 이들 중의 어떤 것에 대항하는 행동을 야기 할 수 있다.

하느님께서는 가까이 이끌고, 내담자는 도망칠 길을 찾는다. 아랫글은 저항에서 하느님과 내담자의 관계의 한 측면을 보여 준다.

> 그레이스 수녀는 20대 초반에 수도회에 입회해 종신서원을 준비할 때, 자신보다 앞서 양성받은 선배 수녀님들이 어떻게 수도생활의 투신을 확신하고 사는지 의심스러웠다. 어느 토요일 아침, 그녀는 몇 달 후에 종신서원을 하는 한 동료와 대화를 하였다. 그 친구는 그레이스 수녀에게 "수녀님은 자신의 종신서원에 관하여 하느님께 말씀드려 본 적이 있어요?" 하고 물었다. 그레이스는 대답하기를, "나는 그것에 대해서 생각도 해 보지 않았는데……." 그러고 나서 곧 기도하러 자기 방으로 갔다. 그레이스 수녀는 기도 중에 마치 하느님이 자기의 종신서원을 원하시는 것처럼 느꼈고, 창문을 통해 햇빛이 가득 들어와 침실이 순식간에 빛으로 가득 찼다. 그녀는 하느님의 깊은 사랑을 느꼈다. 그러나 하느님의 현존에, 하느님 사랑의 강렬

함에, 그리고 자신의 기도에 대해 놀랍도록 즉각적인 응답에 놀라 방에서 도망치듯 나왔다. 그녀의 친구가 복도에서 그레이스의 발소리를 들었다. "기도하러 간다고 했잖아?" "그랬어, 그리고 하느님은 지금 내방에 계셔." 그녀의 친구는 물었다. "그러면 왜 여기 밖에 있는 거야? 방으로 다시 돌아가야 하는 거 아니야?" 그레이스가 답하기를, 나는 충분히 그 답을 얻었어!" 그녀가 방으로 돌아갔을 때 빛은 사라졌다. 저항할 수 없는 명백한 감각으로서의 하느님 현존과 사랑은 더 이상 거기에 없었다.[3]

이 예화에서, 그레이스 수녀의 친구는 영적 지도의 좋은 기술을 보여 준다. 친구 수녀는 그레이스의 의사 결정에 대한 기준으로, 하느님과 직접 만나는 은총에 초점을 둔다. 그레이스가 그 지향으로 기도했을 때, 그녀는 기대했던 것보다 훨씬 놀라운 응답을 받았다. 하느님의 응답은 적어도 하느님께서 그레이스를 지속적 관계로 초대하고 계심이 의심할 여지 없이 분명했다. 그레이스는 하느님의 출현이 하느님께서 그녀를 초대하는 것으로 명백하게 알았다. 그러나 그 초대의 의미를 전적으로 받아들일 준비가 되어 있지 않았을 뿐 아니라, 그 놀랍고 애정 깊은 신비에 아랑곳하지 않으며 하느님을 대면할 준비도 되어 있지 않았다. 그녀는 그 자리를 떠났다. 그녀의 친구가 이 사실에 대해 도전했고, 그레이스는 다시 기도할 필요가 있다는 점을 받아들여 그렇게 하였다. 그 시점에서 그 친구가 그레이스를 만나지 않았다면, 그녀는 기도하지 않았을 수 있고, 후에 영적

---

3 한 수녀님의 허락을 받음.

지도에서 이 경험을 언급하는 것도 잊어버렸을 수도 있다.

대침묵 피정에서 위의 글에서와 같은 역동성이 지도자들에게는 꽤 흔하다. 자기 성찰을 하는 사람이 된 내담자들 또한 아마도 사건 후에 이러한 반응을 알아챌 것이다. 하지만 종종 그보다 더 잘할 수 없다는 무력감을 느낄 것이다. 그레이스의 경우, 그녀는 자신의 방을 떠남으로써 하느님 체험을 갑작스럽게 끝냈다. 속도를 늦추거나, 도망치거나 하는 미묘한 방식들이 내담자와 하느님의 친밀한 대화를 가로막는다. 피정 중에 피정자가 주어진 영적 체험으로부터 도망칠 때 그것을 지도자가 감지할 수 있다면 영적 지도는 많은 도움이 된다. 피정자가 기도로 되돌아갈 수 있도록, 피정자가 하느님과의 친밀함과 주어진 은총을 받아들이도록, 지도자가 부드럽게 이끌고 피정자가 성장하도록 격려해 주어야 한다.

영신수련 피정 중에 있는 피정자는 하느님과 피정자 간에 발생하는 어떤 것보다는 특정한 과제에 대해 반감이 증가한다. 이 경우에, 지도자는 피정자가 이 과제를 기꺼이 할 수 있는 은총이 있을 때에만 피정자에게 다음 주제나 과정으로 넘어가도록 초대한다. 특정 주제나 수련에 대한 강한 반발의 표현은 적절한 때가 아니라는 징조다. 전형적으로는, 지도자가 다음 것을 소개하기 전에 피정자의 기도 안에 자연스럽게 다음 움직임이 드러난다. 내용이나 감정의 표현은 진행이 적절하다는 것을 암시한다. 만일 지도자가 피정자의 기도의 능력을 배려하지 않고 앞서 나가면, 피정자는 지도자와 영신수련 과정 모두에 저항할 가능성이 크다.

기도에 대한 저항

일상생활 속의 피정이라고도 불리는 영신수련 19번 피정에서, 영적 체험의 회피나 '예수님 피정자' 관계의 회피는 종종 피정자가 너무 바빠서 기도할 시간을 갖지 못하거나 기도하는 것 자체를 피하기 위한 다른 방법을 찾는 형태로 나타난다. 이럴 때 지도자에게 특정 피정자의 배경 정보가 중요하다. 어떤 사람들은 매일의 삶에서 규칙적으로 기도할 수 있게 훈련된 생활을 해본 적이 없다. 일상생활중에 하는 피정은 예수님과의 더 큰 친밀감과 회심을 길러주고 아울러 이러한 훈련을 개발하도록 지원하는 구조를 갖추었다. 피정자들은 자기 삶의 환경과 규칙적이고 지속적인 기도 훈련을 방해하는 것처럼 보이는 장애물들의 문제 해결을 객관적으로 성찰하기 위해 상당한 도움이 필요하다. 예를 들어, 피정자들이 기도를 위하여 유보해 둔 시간을 어떻게 보낼까? 냉장고 청소? 신문 읽기? 텔레비전 시청에 빠져들기? 이런 일들을 꼭 그 시간에 했어야만 하는가? 기도 안에서도 비슷한 역동성이 생기는데, 일상생활 중에 기도하는 피정과는 다르게 지속적으로 만남을 갖는 영적 지도에서는 그 역동성이 아주 미약하다.

이미 규칙적인 기도 훈련이 확립된 피정자의 경우는 다른 예를 보인다. 앞의 예화에 나왔던 그레이스 수녀처럼, 그런 피정자는 하느님과의 친밀감을 발전시키기를 늦추거나 기도 체험 자체의 어떤 양상들, 예를 들어 압도되는 느낌이나 강렬함을 통제할 수 없는 것 같은 기도 체험 그 자체를 회피한다.

기도에 대한 또는 다른 형태의 저항은 어떤 사람이 기도를 계속하지만, 방법, 조건들, 기대 때문에 기도 체험을 조정하려는 시도이다. 어떤 피정자들은 향심기도나 존 메인이 가르쳤던 만트라 명상법에 끌리곤 한다. 이들은 계속해서 거룩한 단어에만 집중할 뿐 하느님의 활동이나 다른 모든 내용은 무시한다. 하느님께서 무엇을 하시든지 상관없이 사람들은 계속해서 자기가 선호하는 방법으로만 기도한다. 많은 피정자가 선택한 이 두 기도 방법이 실제로는 피정자들이 경험하기를 원하지 않는 감정들에 대항하는 방어기제들로써 이용될 수도 있다.

다른 피정자들은 기도에 대해 설명할 때, 감정이나 내용 없이 하느님 현존 앞에 단순히 존재하는 것만 좋아하고, 현재에서 일어나는 어떤 내용도 외면한다. 이러면 영적 지도 때 기도가 다소 밋밋하고, 심지어는 기도가 지루하고, 기도 안에서 아무 일도 일어나지 않는다고 보고할 것이다. 자신 안에서 드러나는 하느님께 대한 더 총체적인 저항이 기도 과정과 기도 실제에 대한 저항으로 가면을 쓰고 있다. 피정자는 단순히 지나가는 감정이라 여기고 하느님께서 기도안에서 그들 자신을 건드리게 하지 않거나, 혹은 회피하려는 존재가 무엇인지를 대면조차 하지 않으면서 기도 안으로 들어가지 않는다. 이러한 상황이 계속될 때, 이러한 사람들은 점점 더 편치 않고, 짜증스럽고, 하느님과 자기 자신으로부터 자주 정서적인 거리감을 느끼게 된다.

내담자들은 불편한 감정들, 불쾌한 기억들, 자신들에 대해 있는 그대로 보게 하는 통찰을 피하고자 기도 체험에 저항한다. 아마도 그들은 너무 상처받기가 쉽다고 느끼거나(학대받은 희생자들) 혹은 통제 불능(알코올 중독자/학대받은 정신적으로 어른이 안된 성인(adult children))이라고 느낄 것이다. 그들은 삶의 변화나 회심이 요구되며,

또는 자신들이 분노, 슬픔, 성적 이끌림, 질투, 그리고 이른바 부정적 감정들에 압도될지도 모른다는 것을 감지한다. 이러한 영역에서 회피는 성별에 따라 특별한 색채를 띤다. 남성은 기도 안에서 통제력 상실과 상처받은 경험을 어렵게 발견한다. 여성은 때때로 기도 안에서 감정기복에는 한결 편안하지만, 화를 다루는 데 특별히 어려움이 있을 수 있다.

좀 더 긍정적인 경우로는, 피정자가 관상을 시작할 때 종종 생길 수 있는 일로, 그동안 해왔던 익숙하고 예측할 수 있는 기도 방법을 상실함으로써 겪는 혼란에 대해 저항하는 경우다. 자아상보다 훨씬 더 성장해 버림으로써 자신이 소중히 간직했던 하느님 이미지를 상실하는 것은 향수의 형태로 저항을 일으킨다. 그동안 내가 동반했던 사람 중에, 생각하고 추론하는 기도(묵상기도)에서 관상기도로 넘어가면서 변화를 겪을 때, 그 발전 과정에 나타나는 양상들에 대해 대부분의 사람이 저항한다. 모두 다 그들이 기도 안에서 새로운 경험에 익숙해지도록 성장할 때까지, 사람들은 예전의 형식적인 기도방식으로 되돌아가려고 집착한다.

저항의 구체적 형태는 피정자들의 심리적 기질과 특히 그들이 삶의 다른 영역에서 습관적으로 사용하는 심리적 방어에 달려 있다.[4] 지도자가 만날 가장 빈도 높은 저항의 형태는 무의식적 전략인 '망각'이다. 억압, 억제 혹은 주의 산만함을 통하여 피정자는 그 일이 발생한 후 즉시 잊어버리거나 영적 지도 시간에 그것에 관하여

---

4 Gerald May, chapters 5 and 6 of May's Care of Mind/Care of Spirit; 그 이상의 서술과 설명이 필요할 때 참고한다.

이야기한 후에 기억하지 않는다. 보통은 경험의 가장 중요한 부분을 망각함으로써, 피정자가 경험의 결과에 반응하거나 행동하지 못하게 한다. 보통 경험의 가장 중요한 측면을 잊어버려서 내담자가 경험에 반응하거나 행동하지 못하게 한다.

두 번째 예는 이미 기술된 저항의 몇 가지 역동성들과 아직 기술되지 않은 점들도 묘사한다.

린 다: 전 잘 지냈습니다, 감사합니다. 조금 바쁘지만, 기도할 시간도 있었어요. 특별히 내세울건 없었어요. 나는 대부분의 날에 기도에 지속적으로 시간을 할애하지만 할말이 많지는 않아요. 사실 기도가 점점 좋아지고 있어요! 매일 아침에 한 시간씩 꾸준히 하는 것이 제게는 정말 효과가 있어요.

지도자: 기도를 더 꾸준히 하고 점점 당신 삶에 리듬이 잡혀 가는 것을 상당히 좋아하는 것처럼 들리네요.

린 다: 음…….

지도자: 일상이 자신을 위해 "잘 돌아간다"고 하셨는데, 무슨 뜻인지 좀 더 말씀해 보시겠어요? 실제로 무슨 일이 일어나는지요?

린 다: 음, 항상 같은데요. 저는 매일의 독서를 택해 그 주제로 앉아서 기도하는데, 단어 또는 구절이 뿌리내리도록 기다리는 방법입니다.

지도자: 뿌리내려진 것이 있나요?

린 다: (웃으면서) 음, 아니요. 조금 전에 제가 말씀드렸듯이, 지난 몇 주 동안 별 특징이 없었어요. 그러나 지금까지 기도가 잘되고 있고 모든 것이 괜찮습니다. 그리고 거

기에서 집중할 수 있는 한 구절을 기다리고 있어요.

지도자: 우리가 전에 이야기했던 것과는 매우 다른 방법으로 린다가 자신의 기도에 관해 이야기하는 것이 재미있군요. 그것은 불과 지난달 일로 기억합니다.

린 다: 제가요? 음… 음, 당신은 기도가 항상 똑같을 수 없다고 기대하잖아요?

지도자: (잠시 침묵) 린다, 지난번 만남에서 당신이 나와 무엇을 나누었는지 기억하세요?

린 다: (긴 침묵) 어렴풋하게요. 그러나 그것은 오래전인데요, 한 달 전. 기억을 되살리면 약간의 조각을 찾을 수 있어요. (침묵…… 그리고 매우 사무적으로) 네, 지금 기억나네요. 갑자기 우리 가족 한 사람 한 사람이 하느님 사랑에 둘러싸여 있는 것을 보면서, 제가 얼마나 사랑과 애정의 격동으로 충만해졌는지에 대해 이야기했죠.

지도자: 네……. 그 밖에 내가 무엇을 기억하는지 아세요? 당신이 그것에 관해 이야기했을 때 눈물을 흘리고 있었지요.

린 다: 음음…….

지도자: 지금도 그중 어떤 느낌이 있나요?

린 다: 아니오, 정말로. 그것은 지나가 버렸어요. 내가 의미하는 것은 그것을 기억하지만, 그것에 대해 더 이상의 느낌이 없어요.

지도자: 어떻게 일어났는지, 또는 언제 그 느낌이 사라졌는지도 기억할 수 있어요?

린 다: (귀찮다는 듯이) 모르겠어요. 당신은 감정이 영원히 머무른다고 생각해요? 그것은 일어났지만, 끝났어요. 지금 모든 것이 정상으로 되돌아갑니다.

지도자: 무엇이 정상이란 말인가요?

린 다: 명상할 때 내가 눈물을 흘리지 않는 것이 정상입니다. 그리고 (웃으면서) 게다가 내 가족 대부분이 다시 나를 미치게 한단 말이에요. 그러나 이것이 오늘 내가 당신과 함께 이야기하고 싶었던 것은 아닙니다. 실제로 나는 '향심기도'에 대해서 많은 사람이 이야기하는 것을 들었고 오늘 이 기도에 대해서 당신이 나에게 가르쳐 주기를 희망했습니다.[5]

영적 지도 또는 영적 지도자에 대한 저항

영적 지도의 대화에서 두 번째로 나타나는 저항은 지도자와 내담자 사이에 일어나는 역동성이다. 이 저항은 지도자가 어리석거나 둔하거나 (지도자의 권력이나 지식을) 남용했을 때 나타난다. 만약에 그들이 판단받는다거나, 오해받거나, 지도자가 잘못 해석하거나 지나치게 통제한다고 느껴진다면, 내담자들은 그들의 고유한 반응들과 하느님과 친밀한 체험을 나누는 것에 혐오감을 가질 수 있다. 지도자로서 정말로 실수하게 되면, 우리가 내담자들에게 신뢰와 확신을 얻기도 전에 도전받을 수 있다. 우리가 내담자들과 진정으로 함께하기는 너무 피곤하거나 우리 삶에서 일어나는 것들 때문에 너무 괴로울 수 있다. 이때 내담자들은 지도자의 부재를 감지한다. 때로

---

5 수년 전 영적 지도 기술 인턴과정을 위해 제작한것으로 연속적인 역할극을 한 이후로 많이 개정되었다. 이 녹취록은 캘리포니아 벌링게임의 자비의 센터의 직원이 제작하였다.

는 지도자와 내담자 간에 인간 상호 간의 화학반응이 맞지 않을 수도 있다. 때로는 함께 탐색하는 데 있을 수 있는 저항을 선택한 때가 적절한 시점이 아닌 때도 있다. 그리고 때때로 지도자가 어느 날 갑자기 "어떤 것도 올려 놓기에 너무 무겁다."고 미묘한 신체적 암시를 보낸다. 이 모든 일이 내담자에게 저항을 불러일으키게 한다. 지도자들의 도움이 되지 않는 반응들, 어리석음, 혹은 함께 자리하고 경청하는 자세의 부족함만이 내담자가 영적 지도의 대화에서 저항을 불러일으키는 이유는 아니다.

　영적 지도에서 숙련된 대화는 저항을 불러일으키는데, 왜냐하면 그러한 대화는 주의를 집중하고, 의식을 일으키며, 내담자에게 회심을 요구하기 때문이다. 영적 지도에서 대화 그 자체가 역사적으로 강력한 금욕적 도구였는데, 왜냐하면 그것은 내담자들의 지속적인 의식과 성찰을 요구하기 때문이다. 진심으로 이야기를 귀담아 듣는 사람에게 일상에서의 미묘하고도 중요한 종교체험을 표현하려는 시도가 하느님께서 내담자를 당신께로 이끄시고, 성숙해져 가는 하느님과의 관계와 조화를 이루는 삶과 선택을 순서지우고 재정비한다는 주장이 늘어나고 있다. 위 린다의 사례는 이런 관계의 양상을 잘 보여 준다. 비록 린다 역시 자신을 위해 결과의 영향들을 계속 진전시킬 것을 회피했지만, 지도자가 한 달 전에 있었던 그녀의 경험을 언급한 것이 어쨌든 린다의 기억을 자극하였다.

　영적 지도에 대한 저항은 종종 나를 당혹스럽게 한다. 내담자 중 슈퍼비전을 받으며 지도하는 인턴들과 함께 영적 지도 훈련 프로그램에 참석해 그곳에서 경험이 얼마나 좋았는지를 보고하지만, 6개월간의 과정을 마치면 (영적 지도를) 계속하지는 않는다. 그들이 말하기를 "그동안 참 좋았어요. 저 말고 다른 사람들에게 이 기회를 주어야 합니다!" 혹은 만나는 간격을 늘려서 스케줄을 조정해서 영적 지도를 계속하기도 하지만, 결국 한두 차례의 면담 후에 그만둔다. 대개 이것은 규칙적으로 기도하고, 지도자와 함께 지속적인 성찰을 하면서 계속해서 변화를 요청하는 것에 저항하는 양상이다. 때때로 이런 저항은 지도자의 기술이나 현존과 아무 상관이 없을 때가 있다. 오히려 이런 내담자들은 지속적인 영적 지도가 갈망하는 영적 성장의 질적 투신을 회피하는 것이다. 어떤 내담자들은 영적 지도를 그만둠으로써 영적 성장의 속도를 늦춘다.

영적 지도자에 대한 저항의 또 다른 예는 지도자가 명쾌하게 묻는 아주 좋은 질문들에 대한 반응에서 나타난다. 지도자에 대한 린다의 가벼운 비난은 다음과 같이 표현된다. "당신은 감정들이 영원히 머물기를 기대하지 않으시잖아요, 그렇죠?" 지도자는 단순하게 린다의 지난번 설명에서 동반되었던 부드러운 감정들을 회상하였고, 이냐시오가 영신수련에서 조언하듯이, 이 특별한 위로의 경험이 언제 어떻게 끝났는지를 살펴보기 시작하였다.[6] 내담자들이 기도 안에서 일어난 경험의 구체적 특성과 그 안에서 체험된 감정에 대하여 이야기할 수 있기 전까지 6~8회 면담을 함께한다. 몇 번 면담을 한 후, 그들은 대개 그들의 경험을 나누기 위해 충분히 신뢰하며, 자신의 경험을 나누도록 초대해 주기를 기대한다. 다른 경우로, 내담자들이 질문에 대해 다른 답변을 함으로써 질문을 회피한다. 또는 린

---

6   *The Spiritual Exercises of St. Ignatius*, trans. Louis J. Puhl(Chicago: Loyola University Press, 1951), nos. 333.5~334.6.

다가 향심기도를 주제로 대화했을 때처럼, 내담자들은 지도자가 시작한 탐색을 끝내기 위하여 대화의 주제를 갑자기 바꾸기도 한다. 또 다른 사람들은 하느님께서 어떻게 그들을 향하여 일하시는지에 대한 자신들의 인식을 지도자에게 투사함으로써 반응한다. 만일 그들의 기도가 상당히 지루하다면 – 그들의 묘사에 따르면 – 그들은 다음과 같이 말할 것이다. "당신은 이렇게 매번 똑같은 이야기에 꽤 지루할 거예요."

영적 내담자나 내담자의 종교적 경험에 대한 지도자의 저항

세 번째 유형의 저항은 영적 지도의 대화에서 무엇인가를 피하고자 하는 지도자의 필요에서 시작되어 나타난다. 내담자가 지도자를 직접 거절하거나 철회하는 것처럼, 지도자도 내담자 혹은 그가 체험한 어떤 부분에 대해 회피하는 행동을 보인다. 곧 있을 인터뷰를 두려워하는 지도자는 약속을 잊어버리거나 늦게 도착한다. 그러한 경우에, 지도자는 기도 혹은 하느님의 계획에 대한 내담자의 저항을 지도자에 대한 개인적 거부로 잘못 해석할 수 있다. 지도자는 우울해지거나 실망할 수 있다. 왜냐하면 내담자의 기도에 진보가 없기 때문이다. 지도자는 내담자의 저항에 말려들었고 그것에 의하여 영향받게 된다.

개인 간의 관계도 저항을 불러일으킬 수 있다. 이 저항은 영적 지도 관계에서 실제로 나타날 수도 있는데, 특히 관계가 절박한 상태라면 지도자의 변화를 요구한다. 아마도 지도자는 이 내담자와 함께 배경에 대한 연구를 더 해야만 할 것이다. 혹은 만일 지도자가 치료받지 않은 알코올 중독자이고 내담자는 성공적으로 중독에서 회복되었다면, 지도자는 자신의 거부체계에 대한 내담자의 위협을 다루기를 원치 않을 수도 있다. 혹은 이 내담자의 최근 상황이 지도자가 주어야 하는 것보다 더 많은 시간 혹은 더 많은 감정적 에너지를 요구할 수도 있다.

지도자 중 특별히 오늘날 많은 여성의 이야기를 듣는 지도자들이 때때로 저항의 전통적인 예가 되는 소외, 억압, 화, 우울 그리고 무기력 같은 여성의 고통을 탐색하길 피하고 나눔을 회피한다. 여성 지도자인 경우에 그러한 이야기를 조금도 듣고 싶지 않을 수 있는데, 이는 아마도 우울해지거나 무력감을 느끼기를 원치 않고, 이 여인의 고유한 경험에 끼어들고 싶지 않기 때문이다. 어떤 남성 지도자들은 화가 많은 여성과 함께하는 것을 아주 힘들어한다. 그들은 자신들이 정당하든 부당하든 간에 화의 표적이 될 수 있음을 감지하는데, 남성 자신들이 억압체계에 책임이 있기 때문이다. 여성은 누구에게서 신뢰받을 수 있고, 얼마나 신뢰받을 수 있는지를 아주 빨리 터득한다. 얼마만큼 다른 사람의 이야기를 들을 수 있는지 혹은 얼마만큼 다른 사람의 이야기를 인내하며 들을 수 있는지에 따라 지속적인 검열(censoring)과 적응과정이 계속된다. 만일 남성 지도자가 이러한 경험들을 할 수 있고 저항하지 않고 공감을 차단하지 않는다면, 치유와 권한 부여(empowerment)의 가능성은 엄청나게 클 것이다.

내담자들에게서 나타나는 종교 체험의 회피에 지도자의 심각한 저항까지도 포함된다. 예를 들어, 만약에 지도자가 기도에서 어두움이나 메마름의 시간을 경험하는 중이고, 내담자에게는 친밀감, 조명, 비전(vision)을 체험하는 선물이 주어졌다면, 이와 같은 저항은 진행될 것이다. 이런 환경에서 지도자는 내담자의 이러한 체험을 듣고 싶지 않을 것이며, 하느님께서 내담자와 함께하고 계시는 일로부터 시선을 다른 먼 곳으로 돌리고 싶을 것이다. 때때로 지도자는 내담자의 신비 체험에 놀랄 것이며, 그가 사용하는 특정한 비유적 묘사를 불편하게 느낄 것이고, 단순히 내담자의 경험이 이해되지 않을 수 있으며, 생소한 어떤 것을 만날 수도 있다. 이 같은 반응 중에서 지도자가 내담자의 경험을 무시하거나 혹은 대화가 빗나갈 수 있다.

영적 지도자들을 슈퍼바이징(supervising)하는 경험에서 비추어 볼 때, 지도자들이 내담자들의 실제적인 종교체험에서 도망치는 경향이 자주 나타난다.[7] 예를 들어, 한 지도자는 자기 내담자의 환시 경험들에 흥미를 갖기 위해 애썼다. 비록 기도의 형태가 지도자와 같은 취향은 아니지만, 자신의 어머니의 경험을 통하여 그것을 어느 정도 이해하였다. 그의 내담자가 말하기를, 이전에 고백사제에게 자신의 종교 체험을 이야기했더니, 그 고백사제는 그녀에게 그러한 체험이 다시는 생기지 않도록 노력하라고 당부했다는 것이다. 그녀의 대화에 주의를 기울이지만, 영적 지도자인 사제는 본능적으로 이 여성의 종교체험을 회피한다.

내담자의 이야기를 열심히 듣고 조심스럽게 반응하도록 자신을 훈련하는 것은, 또한 그 자신의 개인기도 생활을 깊이 하도록 도전받는다. 그는 자신의 기도가 발전하는 것을 회피한다는 사실을 인

---

[7] 마우렌 콘로이는 영적 지도 과정에서 그리고 내담자의 기도에서 위안이 넘치는 것과 위로로 부터 멀어지는 것을 역동성과 반역동성이라는 용어를 사용한다. 모든 반역동성은 저항일 수 있다. 참고 간행물, *Looking into the Well: Supervision of Spiritual Directors* (Chicago: Loyola University Press, 1995), 179~180.

식하게 되었다. 시간이 지난 후, 그는 자신이 내담자의 경험에 주의를 기울이는 것이 그녀에게 아주 긍정적인 효과적이었음을 볼 수 있었다.

내담자 역시 놀라거나, 다소 두려워하고, 또는 무엇이 일어나는지 확신이 없고, 지도자가 이 경험으로부터 도망가는 것에 동조할 경우 내담자에게 더욱 부정적인 영향을 줄 수 있다. 내담자의 종교체험에 대한 지도자의 저항은 새로운 경험에 대한 내담자의 두려움이나 걱정을 강화하기 쉽다. 이냐시오는 지도자의 역할을 '저울의 균형점' 혹은 '지렛대의 받침점'과 비교한다. 지도자의 역할은 안정된 현존을 마련해 내담자가 하느님과의 직접적인 소통에 초점을 맞추며 머무를 수 있게 돕는 것이다. 지도자가 내담자의 종교체험을 피한다면, 지도자의 균형점은 어디인가! 내담자는 종종 그들의 지도자들이 침착하게 붙들어 줌으로써 종교체험으로부터 도망치는 대신에 그것을 향하여 함께 나아갈 수 있는 도움이 필요하다. 많은 경우에 앞에서 언급한 것처럼 내담자들은 지도자들의 도움 없이 그러한 내적 움직임을 견뎌낼 수가 없다. 지도자들은 내담자들의 회피에 동조하기보다는, 내담자가 그들의 고유한 반응들이 얼마나 우유부단해졌는지 혹은 그들이 하느님이 주시는 은총을 약화하고 비껴가는지를 알게 할 필요가 있다.

영적 지도자들은 자신이 하느님과 충분히 연결된 상태로 머무를 수 있도록 영적 지도 세션 전(前)과 세션 중(中)에 기도하는 것이 도움된다. 이러한 방법으로, 그들은 하느님의 활동에 자신들을 결합하고, 그들의 내담자를 돕기 위해 하느님께 도움을 청한다.

내담자나 내담자의 종교체험에 대한 지도자의 저항과 그 영향에 대해서는 슈퍼비전 과정에서 다루는 것이 최선이다. 내담자가 지도자의 문제를 감당해야 하는 것은 결코 적합한 일이 아니다. 내담자는 그들 자신의 짐만으로도 충분하다. 지도자의 저항은 자주 역전이 과정으로 나타나는데, 이는 6장에서 다룬다.

저항을 다루기 위한 제안들

(나 자신의 성찰에서) 저항이 어떤 모습인지 내담자의 반응을 살피면서, 지도자들은 어떻게 저항과 함께 작업할 것인지에 초점을 맞춘다. 저항 혹은 회피는 변화의 과정이나 하느님과 인간 사이에 친밀감이 자라는 과정에 속도를 늦추도록 영향을 끼친다. 우리는 모두 성장의 고통, 새로운 행동을 배우는 도전, 친밀감이 깊어져 감에 따라 오는 요구들, 우리 자신에게 정직해지는 것, 혹은 동기들, 허물들, 죄를 폭로하는 것 등을 피하는 길들을 만들어 낸다. 우리 자신이나 하느님에 대한 이미지 변화, 특정한 행동 또는 특징적인 감정 반응을 그만 두어야 할 필요성 또는 통찰을 통해 결정을 내려야 하는 필요성 등은 모든 것을 지연시킬 수 있다.

영적 지도자인 우리는 영적 지도를 할 때 내담자들의 저항이나 회피에 어떻게 반응할 것인가? 우리가 취하는 태도가 우리 반응에서 가장 중요한 모습을 형성한다. 만일 우리가 우리 자신의 영적 성장과 기도 생활에 솔직할 수 있다면, 우리의 다양한 저항에도 하느님께서는 궁극적으로 그것을 통하여 부드럽고 극적인 방법으로 일하신다. 만일 내담자가 하느님과의 관계에서 어떤 것에 저항한다면,

하느님께서 이 특정한 내담자에게 고유한 은총을 주실 책임이 있다. 하느님이 가까이 다가오실 때, 우리는 모두 놀란다. 우리는 덜 위협을 느끼고 (이 장의 첫 부분에 나왔던 그레이스 수녀가 즉시 자기 방을 떠났던 것을 기억하라) 통제하에 더 많은 것을 느끼기 위해 수많은 전략을 사용한다. 우리가 지도자로서 하는 것보다 하느님은 훨씬 더 적극적이며 더 인내한다. 우리는 하느님의 인내, 연민, 그리고 부드러움과 같은 태도를 취할 필요가 있다.

만일 저항이 항상 **의도적이지 않고 또 무의식적**이라는 것을 기억한다면, 우리는 저항에 의식하면서 더 인내할 수 있다. 저항이 의도적이지 않고 또 무의식적이라 우리의 내담자들은 무엇인가를 회피하는 순간을 알지 못한다. 이것은 내담자가 의지적이고 의도적으로 하느님과 협력하고 결정을 내리기를 거부하는 것과는 큰 차이가 있다.

지도자의 가장 훌륭한 봉사 중 하나는, 내담자들이 어떻게, 언제, 그리고 왜 하느님과의 만남을 혹은 하느님 체험의 영향을 회피하는지를 조금씩 의식하도록 도움을 주는 것이다. 만일 저항이 예상된다면, 우리는 회피하는 행동을 의식할 수 있는 섬세함과 예민함을 필수적으로 개발해야 할 것이다.

가능한 접근들

- 하느님께서 언제 가까이 다가오실지 기다려라. 내담자는 어느 시점에서 무의식적으로 도망치고, 문을 닫고, 잘못 해석하며, 잊어버리고, 억압하고 혹은 부인할 것이다. 이냐시오는 '영들'이 어떻게 작용하는지 분명하게 기술한다. "둘째 주간을 위한 식별의 규칙들"에서, 피정자는 영적 위로에서 멀어지는 결과로

끝을 맺는 잇따른 생각 혹은 행동의 시작과 중간과 끝을 살펴본다.[8] 내적 움직임들은 미묘하며 대개 집중을 방해하는 것들은 또 다른 좋은 것에 끌리게 한다. 지도자인 우리가 내담자들이 영적 위로의 마지막 사건을 시작으로 의식의 연관을 다시 추적하도록 도우면, 대개 저항의 지점에서 제 모습을 드러낸다. 린다의 지도자가 바로 그렇게 했는데, 그는 린다에게 지난 세션에서 그녀가 무엇을 나누었는지 기억하느냐고 물었다. 린다는 처음에 그녀의 모든 가족에게 밀려드는 사랑으로 충만했던 그녀의 자세한 경험에 대해 어떤 감정도 없이 무미건조하게 회상하였다. 그녀의 지도자는 린다가 처음에 그 이야기를 나누었을 때 눈물을 흘렸다는 것을 회상하였다. 린다는 이제 정상으로 돌아갔다고 주장하면서 저항을 지속하였다. 모든 것은 끝났다. 그레이스 수녀가 친구의 제안을 듣고 행동했던 것과 대조를 이루는데, 린다 자신의 종교 체험에 대한 저항 수위는 더 높았다. 린다의 저항은 더 큰 인내를 요구할 것이고, 지도자로서는 계속 이어질 면담에서 방심하지 않도록 주의가

---

8 이냐시오가 규정한 영적 위안의 방법: "영적 위안에 관한 것이다. 여기서 영적 위안이라는 것은, 영혼에 일종의 내적 감동이 일어나서, 영혼이 창조주와 신의 사랑으로 불타기 시작하고, 따라서 영혼이 지상에 존재하는 모든 물건에, 그 물건 자체를 위해서는 사랑하지 않고, 오직 그 모든 것들의 창조주 안에서만 사랑하게 되는 때를 말한다. 그리고 때로는 자기 죄에 대한 통회, 그리고 우리 주 그리스도의 고난에 대한 아픔에서, 또는 직접 하느님의 봉사와 영광에 관해 하느님의 사랑으로 불타서 눈물이 쏟아지는 경우를 말한다. 결론적으로 말하자면, 영적 위안이란, 믿음, 사랑, 희망을 더하는 모든 것과 사람을 천상의 일과 자기 영혼의 구원으로 부르고 이끄는 모든 마음의 기쁨을 말한다. 그 결과 영혼이 자신의 창조주 안에서 안식과 평화를 누리게 된다." *Exercises*, no. 316.

요구된다.

- 넘치는 공감으로 내담자의 저항에 접근하라. 결국 이것은 우리 자신에게 친숙한 경험이 아니던가? 내담자나 저항을 공격하지 말라. 공격은 더 깊은 저항을 일으키고, 감지하기 어려운 초기의 회피를 보지 못하게 한다.
- 당신은 이미 신뢰, 공감, 개방성의 긍정적 관계가 형성되어 있음을 인식하라.
- 열린 마음으로, 판단하지 않는 방법으로 (내담자에게)계속 나타나는 것이 무엇인지 알아채라. 모든 사람이 어느 시점에서는 저항한다. 늘 저항하는 사람은 아무도 없다. 회피가 사실인지 확인될 때까지 충분히 관찰하라. 어떤 반응들은 지도자가 내담자를 잘못 이끈 것에 대한 적절한 저항일 수도 있다. 이 과정에서 나타나는 모든 지체(느림)은 반드시 영적 지도에 대한, 영적 지도자인 당신에 대한, 혹은 영적 체험에 대한 저항은 아니다. 일련의 패턴을 구체적인 방법으로 적어 보라. 그대가 관찰한 패턴을 판단 없이 적어 보아라. 마지막으로, 그것을 내담자의 관점으로 탐색해 보아라. 그들이 이것을 알아차린 적이 있는가? 그들에게 어떤 느낌일까?

> **둘 사이의 구별**
> a. 기도 또는 하느님에 대한 저항
> b. 내용에 대한 저항
> c. 방어적 성향의 구조(심각한 저항)
> d. 지도자와 내담자 간의 저항

- 당신이 의문스러운 것에 대한 정보를 영적 내담자와 함께 공유하라.

가볍고 온순한 저항

가벼운 저항이나 중간 정도의 저항을 보이는 내담자들이 당황하긴 하지만, 대개는 탐색하는 것에 긍정적으로 반응할 것이다. 1장 끝부분의 녹취록에서, 하느님의 얼굴을 보고 싶어 하는 수잔의 갈망에 대한 부분이 이런 예다. 수잔은 의자에 몸을 말고 앉아 있는 자신의 자세를 통하여 확실한 자기방어를 발견했을 때, 하느님께서 그녀와 함께 그곳에 계시는 느낌과 경험 속에서 기도에 다시 임할 수 있게 되었다. 그러한 내담자는 이와 같은 저항을 알아차린 것에 대해 자주 지도자에게 감사하고, 지도자의 격려로, 그/그녀가 무슨 일이 일어나는지를 일단 이해하게 되면, 종종 반응을 바꿀 수 있다.

무엇에 대한 회피인가에 따라서, 내담자는 그들의 기도하는 방법을 바꾸고, 부적절한 신학적 판단을 하지 않고, 새로운 이미지의 하느님 출현을 환영하고, 그들이 지금 인식하는 그 감정과 함께 기도로 되돌아가고, 두려움, 화, 또는 갈망을 더 의식하면서 지금 무엇이 일어나는지를 발견할 필요가 있다. 누군가에게는, 통찰 혹은 의식(awareness)만으로 새로운 자유를 줄 수 있다. 또 다른 사람들은 자기 안에 의식하는 '단절'의 문제를 해결하기 위해 지도자의 도움이 필요할 수도 있다. 이러한 새로운 정보의 빛 안에서 내담자는 기도 또는 마지막 영적 위로의 장소로 되돌아갈 수 있다.

심각한 저항

심각하게 저항하는 사람은 적대적이거나 방어적 일수 있고, 자신을 차단하며, 심지어는 지도자를 공격할 수도 있다! 이럴 때, 지도자인 우리에게 인내와 겸손함이 필요하다. 우리가 틀릴 수도 있고 혹은 서투를 수도 있다. 반대의 경우로 우리가 정확할 수도 있더라도(혹은 맞을 수 있더라도), 내담자가 해낼 수 있는 시도와 통찰을 기대하지 않으면서 내담자에게 매우 부드럽게 대하고 인내할 필요가 있다. 이 두 가지 경우에, 우리는 너무 황폐해진 느낌으로부터 우리를 보호하기 위해 그리고 이후에 무엇을 해야 할지, 어떻게 존재해야 할지를 발견하기 위해 하느님의 자비로운 현존과 인도에 맡기는 시도가 필요하다. 만일 지도자가 마련한 대부분 중재에 대하여 내담자가 거세게 저항한다면, 이는 아주 심각한 성격의 문제로써, 내담자의 변화나 반응을 기대할 수 없으므로 전문적인 상담가의 도움을 받을 수 있도록 해야 한다. 상담을 통한 훈련을 받지 않은 지도자는 이러한 내담자의 저항과 정면으로 대결하는 것을 아주 조심해야 하며 슈퍼비전을 받고 이러한 상황에 대한 자문을 구해야 한다.

저항에 직면하는 것은 모험이다. 그러나 어떻게 반응해야 하는지 배우지 않은 채로 이런 모험을 시도한다면, 지도자들은 내담자들의 성장 능력을 과대평가하든지 아니면 과소평가하게 된다. 지도자가 내담자 간에 공감대를 발전시키면, 지도자는 자기 내담자가 도전의 수위를 수용할 수 있는지 그 여부를 감지할 수 있다.

우리는 우리의 영적 체험을 회피하는 데 끊임없이 창의적이다. 우리 중 누구도 거기에서 제외된 사람이 없고, 우리 내담자들도 마찬가지다. 영신수련은 그 자체로 엄청난 저항을 불러일으킬 수 있다. 그것은 회심의 과정을 구조화한 방법이기 때문에 언어와 상상들이 어떤 피정자들에게는 적합하지 않기 때문이다. 지도자인 우리는 내담자들 자신의 전형적 회피를 인식하도록 돕고, 때에 따라서는, 하느님께 나아가도록 도우며 또는 적어도 하느님과 함께 머무는 시간을 늘리도록 도울 수 있다. 하느님께서는 우리의 모호함과 회피 안에서 바로 우리를 만난다. 하느님은 가까이 다가오고 물러난다. 하느님은 우리가 아직도 개발 중인 능력들을 존중한다. 하느님은 우리의 반응을 정당화하기보다는 친밀감 안으로 더욱 끊임없이 불러낸다. 우리의 삶 속에서 완전히 하느님을 받아들이고 하느님과의 상호성이 증가하는 지점에서 우리는 우리를 도우시는 하느님을 믿고 내담자들이 방어를 풀 거라는 것을 믿는다.

성찰 과제

- 지도자로서 또는 내담자로서 그대의 경험 속에서 저항의 실례를 회상하고, 그때 그것을 어떻게 다루었는지 살펴보십시오.

- 지도자로서, 당신은 본능적으로 회피하려는 영적 내담자의 경험이나 내용을 의식하고 있습니까?

- 가벼운 저항을 쉽게 그리고 덜 방어적으로 감지하도록 하기 위해 의식을 강화하는 영적 지도로는 어떠한 것이 있습니까?

- 어떻게 출산의 이미지와/혹은 출산의 경험이 저항의 역동을 비춰 줄 수 있겠습니까?

3장

"금 채취하기":
영적 지도에서 신학적 주제에 주목하기

● ● ●

어떤 영적 지도자가 한 슈퍼비전 세션(supervisory session)에서 다음과 같은 관찰을 전했다. "영적 지도는 사금을 채취하는 것과 같다. 내담자가 오면, 우리가 함께 그들 삶의 흐름 속으로 들어가 온갖 종류의 것들을 건져 올린다. 돌멩이들을 가려내면서 물을 저으면 (사금 채취용) 접시의 바닥에 온갖 크기의 돌멩이들이 드러나는데 – 이것이 다음에는 무엇이 나올지 도무지 알 수 없는 온갖 종류의 갈등과 문제들이다 – 그러다가 갑자기 순금 조각이나 순금덩어리가 나타난다." 이것은 영적 지도 과정에 대한 강력하고도 매혹적인 비유다. 지도자는 내담자와 함께 그들의 지도 과정 중에 – 물이나 접시에 무엇이 있든 간에 – 모든 것을 자세히 살핀다. 지도자는 내담자의 삶과 그 삶의 모든 것을 받아들이면서, 그 모든 갈등 속에서 순금을 찾아 묵상하도록 돕는다. 내담자가 자기 삶의 모든 장애나 문제가 되는 영역들 안에 얼마나 더 가치 있고 귀중한 금 조각들이 있는지 깨달을 때까지 금을 존중하고, 시간, 관심, 주의를 기울이는 사람이 능숙하고 친절한 지도자다.

영적 지도에서 우리는 갈등, 발견, 은총의 사건이 벌어진 이후의 사건을 듣는다. 지도자로서, 우리는 "이러한 모든 것에 하느님은 어디에 계시는가?"라는 물음을 부드럽고 끈질기게 던진다. 이러한 질문에 내담자는 싫증을 낼 수도 있다. 그러나 지도자는 내담자의 경험 속에서 이 대답을 찾아내는 것을 그만두어서는 안 된다. 능숙한 영적 지도자는, 순금을 찾는 것처럼, 영적 지도자의 역할을 편안해 하면서, 내담자의 표현에 답변을 얻으려는 질문보다는 관심과 주의를 갖고 지도자가 질문함으로써 더 많은 것을 배운다. 지도자는 심지어 내담자들의 휙휙 넘어가는 삶의 흐름 속에서 순금 조각을 구별해 낼 수도 있고, 내담자 스스로 그 풍부한 것들을 발견하도록 도울 수 있다. 이런 순금 조각들이 내담자의 성령에 대한 경험이다.

이 장은 이런 성령의 경험인 순금을 그리스도교 전통과 연결하면서, 지도자와 그들의 내담자가 영적 지도의 신학적 차원을 성찰하도록 돕는다. 이 영적 지도의 신학적 차원은 지도자와 내담자 모두의 적용신학(operative theologies)의 자각, 종교적 경험과 은총의 신학에 대한 지도자의 자각, 교회에서 선포한 그리스도 신앙의 신비와 일상의 삶에서 이 신비에 대한 지도자의 경험 간에 연관관계를 만드는 지도자의 능력을 포함한다. 언뜻 보기에 이 영역이 약간은 추상적으로 보일지 모르지만, 지도자와 내담자들 모두가 확실하게 더 나은 인식을 하게 되고, 또 지도자들이 그리스도인 전통의 조명으로 우리의 가장 뜻깊은 은총의 경험을 해석할 때 일어나는 의미창조의 과정에 더욱 의식적으로 참여할 수 있기를 나는 희망한다.

영적 지도의 맥락에서, 내담자의 경험에 대한 이야기(story)를 들은 후에 이 경험을 이해하면서 새로운 의미를 부여할 수 있다. 이 대화(narrative)에는 이미 그 이야기 자체에 담겨있는 사건들의 특수한 이해 즉 맹목적 신학(implicit theology)이 포함되어 있다.[1] 그럼으로써 내담자가 하느님이 그들을 초대하는 것처럼 보이는 방식들에 기도와 행위로 더 깊게 응답하기 때문에, 그들 역시 이러한 경험들과 그들이 이해하는 방식에 대한 비판적 사고가 필요하다. 그들의 성령체험이 자신들의 신앙, 그들의 신학을 이해하고 분석하는 새롭고 더 타당한 방식들을 발전시킬 것을 요구할 때, 그것을 인정할 필요가 있다. 신학은 이해를 추구하는 신앙일 뿐이다. 우리는 성인으로서 우리의 개인화된 신앙표현, 경험, 심리적 발전에 비추어 이러한 이해를 추구한다.[2]

3장의 첫 번째 절은 지도자들이 내담자의 경험에 응답하는 방식에 영향을 미치는 적용신학을 논한다. 나는 신학자 칼 라너(Karl Rahner)가 발전시킨 성령체험을 인용해서, 지도자가 더 넓은 범위의 가능성을 인지하고 포함하기 위해 종교적 경험을 설명하는 것이 무엇인지에 대한 이해를 돕고자 한다. 두 번째로, 지도자와 내담자 사

---

[1] Janet K. Ruffing, *Uncovering Stories of Faith*(Mahwah, N.J.:Paulist Press, 1989), 64~65.

[2] Patricia O'Connell Killen, "Assisting Adults to Think Theologically" in *Method in Ministry: Theological Reflection and Christian Ministry*, rev. ed. James D. and Evelyn E. Whitehead(Kansas City: Sheed & Ward, 1995), 103~111. 신학적 성찰의 유사한 형식은 항상 공동체 현안에서 생겨난다.

이에 다른 신학적 접근이 적용되어, 영적 지도 과정에서 갈등을 만들 가능성에 대해서 논한다. 전문적인 신학에 익숙하지 않은 영적 지도자들이 내담자들의 이야기에서 신학적 내용을 빠르게 포착하려면 그리스도교 신앙의 신비에 대한 이해가 필요하다. 그리스도인 신앙의 신비는 사도신경에 나타나 있고, 우리가 내담자와 나누는 신학적 언어로 표현된다. 마지막으로, 어떻게 지도자들이 영적 지도에서 그 내담자들의 대화(narrative)에 담겨 있는 신학적 내용에 응답할 수 있는지 몇 가지 구체적 제안을 하겠다.

적용신학들

영적 지도자와 내담자 모두 신학적 배경에 의해서 깊이 영향받는다. 우리가 무엇을 믿으며 신앙생활을 어떻게 이해하는지, 이러한 것들이 우리가 종교적 경험을 어떻게 해석하고 우리가 어떻게 영성적으로 살 것인가에 영향을 준다. 다음의 예가 적용적인 믿음과 신봉적인 믿음을 구별하는 데에 반드시 도움을 줄 것이다.

> 30세인 메리 수녀가 피정을 하고 있다. 그녀는 1장에서 이야기한 수잔처럼, 기도하면서 예수님과 더욱더 가까워지고자 노력하고 있다. 그녀는 피정 중에 예수님이 자신을 사랑하고 가엾게 여기며 관심을 갖는다고 믿지만(그녀의 신봉하는 신학), 실제로는 예수님께 가까이 가면 결과적으로 고통을 야기할 거라는(그녀의 적용신학) 숨겨진 두려움을 가지고 있다는 것을 지도자의 도움을 통해 발견한다. 그녀가 치과에 가듯이 예수

님께 다가가는 것을 멈춘다면 예수님과 그녀와의 관계는 특이한 것일 수 있다고 그녀의 지도자가 제시한다. 메리가 자신의 믿음이라고 생각하는 이외 것에 신학적 적용(operating)을 한다는 걸 깨달을 때, 그녀는 자신의 신봉(espoused)신학 위에서 자유롭게 행동하기 시작하게 된다.

이때 메리는 욕구에 따라 능동적으로 행동하기 위해서 그녀의 적용(operative)신학을 바꿀 필요가 있었다. 또 다른 경우로 내담자나 지도자는 그들의 적용신학에 도움이 되는 본능이 잘 어우러지도록 그들이 신봉하는 신학들을 바꿀 필요가 있다. 물론 적용신학과 신봉(espoused)신학이 서로 조화를 이룰 수 있다.

지도자와 내담자는 비슷한 신학적 관점을 공유할 수도 있고 아닐 수도 있는데, 이는 발전과정의 차이, 신학 교육이나 교파의 차이 때문이다. 동시에 그들은 예수님의 이야기와 그리스도교 신앙체제를 서로 공유한다. 영적 지도의 대화는 내담자가 그들 삶의 경험 안에서 전개되는 그리스도 신앙의 신비를 인식하고 성찰하는 하나의 영역(arena)이다. 그리스도인의 신앙과 전례, 그리고 공동체는 내담자의 종교적 경험과 그에 대한 해석 모두에 영향을 주는 의미의 지평을 만들어 낸다.

지도자의 적용신학은 한계가 될 수도 있지만 자산으로도 기여할 수 있다. 만일 우리의 신학이 아주 제한적이라면, 우리는 삶의 여정에서 하느님이 언제, 어디에 존재하는지를 놓치고 말 것이다. 만일 우리가 다양한 신학적 가능성에 개방적이라면 내담자의 신에 대한 경험이 우리의 신학을 확장해 줄 수도 있다. 1장에 있었던 수잔의 말은 이와 같은 가능성을 제공해 준다. 수잔의 하느님은 애정어리고 온화한 방식으로 그녀를 감싸는 신비한 여성상으로 그녀에게 모습을 드러내신다. 그녀의 지도자의 신학적 배경은 하느님의 이런 여성적 이미지를 불가능한 것으로 보거나 배제하도록 수잔에게 강요할 수도 있었다. 지도자의 신학적 관점이 수잔의 경험을 수용하고, 어떻게 하느님이 그녀에게 하느님 자신을 드러내길 선택하는지 주의 깊게 알아차리는 수잔의 능력을 가로막을 수 있다. 지도자는 수잔이 기도할 때 했던 "그리스도의 얼굴"에 다시 초점을 맞추도록 시도함으로써 하느님의 여성적 이미지와 자질이 드러나는 것을 막을 수 있다. 하지만 수잔의 지도자는 여성들의 신비주의 전통에서 하느님의 여성적 이미지뿐만 아니라 여성주의 신학적 발전들에 대해서도 완전히 자각하고 있었다. 그녀의 지도자는 어떻게 이런 이미지들과 이런 신학들이 영적 지도 세션과 수잔의 기도 안에서 자발적으로 출현했는지에 관심을 갖고 있었다. 수잔은 그녀의 지도자가 가진 신학적 배경으로부터 도움받았다.

만일 우리의 신학적 배경이 너무 협소하다면 우리의 주의와 탐구를 오직 한두 종류의 은총의 경험들에만 초점을 맞추게 될 것이며, 결국 나머지는 놓치게 될 것이다. 만일 지도자가 추구하는 신학이 너무 엄격하다면, 지도자와 내담자는 하느님의 새로운 경험의 은총에 더 이상 놀라지 않을 것이다. 일상적으로 이른바 '종교적 경험'에 초점을 맞추어 살아왔던 사람들은 은총의 극적이고 생생한 표현에 민감할 수 있으나 더 '평범한(ordinary)' 경험은 간과할 수도 있다. 사울이 벼락을 맞아 말에서 떨어지는 것 같은 신비체험에 귀 기울이는 습관은 발전시켜 왔지만, 오직 회상 속에서 하느님을 명료하게 인식할 수 있는 수많은 예민한 순간은 놓칠 수 있다.[3] 심지어 우리 내담자는 이런 후자의 경험들을 무시하고 언급하지 않을 수도 있다. 뭔가 일어났다는 것을 확신하지 못하기 때문이다. 지도자는 그들의 내담자와 대화하면서, 영적 지도에 최상의 도움을 주는 성령과 은총의 적절한 신학적 이해도 생길 뿐만 아니라 영적 지도에서 신앙의 새로운 지평이 열리는 감각이 생긴다.

내담자가 영성생활 속에서 성장하고 성숙해짐에 따라, 지도자는 각자가 유일하고 독특하게 경험하는 그리스도교 신앙의 신비를 관찰하기 시작한다. 그리스도교 신앙 안에서 영적인 삶을 살아가는 사람들의 신학적 이해가 변화되고 신앙 표현이 명료해지며 인격화되고 성장하는 것은 온당한 일이다. 그들 자신의 경험 안에서[4] 이러한 신비가 생생하게 다가오고 자주 성서적 또는 신학적 언어와 제목으로 바꾸어서 표현하는 자신을 발견할 것이다.

---

[3] William Barry and William Connolly, through their work at the Center for Religious Development and their book, *The Practice of Spiritual Direction*(New York: Seabury, 1982). 내담자의 삶에서 이미 일어나는 종교적 경험에 귀 기울이고 응답함으로써 영적 지도자에게 큰 도움을 준다. 그러나 경험에 도움이 될 만한 전환은 어떤 지도자들에게는 대화의 다른 차원을 부정하게 한다.

[4] 캐슬린 노리스(Kathleen Norris)는 "놀라운 은총"(Amazign Grace): *A Vocabulary of Faith*(New York: Riverhead Books, 1998)에서 우리 모두에게 위대한 서비스를 제공하였다. 이 수필에서 그녀는 그녀의 성인기 신앙과 관련되어 나오는 그녀 자신의 단계적인 경험에 스며드는 그리스도 전통에서 받아들인 언어로 고심하였다. 이러한 성찰적 수필들은 문학적 보물들로, 이는 아주 문학적 표현도 아니며 그리고 아주 단편적인 그들의 신앙의 경험을 분명히 표현하는 방법과 비슷하다.

내담자인 윌리엄이 바로 그런 예를 보여 준다. 그는 그의 경험을 용서라는 은총을 받아들이고 그것을 자기 중심에서 하느님 중심으로 크게 변환했다고 신학적으로 성찰하였다.

나는 나 자신의 자아에 아주 몹쓸 문제를 가졌던 적이 있다. 완전히 나, 나, 나 나뿐이었는데, 지난 15년 동안 나는 나, 자신의 개성(personality)을 팽개쳐 두고 다른 사람들의 필요에 대해 생각하는 것을 배우게 되었다. 나는 자신의 필요를 일차적으로 생각하는 데 익숙해 있었고, 어떤 때는 자신을 성스럽게 생각했다. 이제는 내가 할 수 있는 한 나의 자아를 한옆으로 젖혀 두고 언제나 예수님에게 "당신이 필요로 하는 것이 무엇입니까? 원하는 것이 무엇입니까? 무엇을 하려 합니까?"라고 말한다. 이 선물을 통해서, 나는 나의 딸에게 상처를 준 사람에게 갈 수 있었다. 나의 아내는 아직도 그들에게 말을 걸지 못하지만, 나는 그들 가족의 누군가가 죽어갈 때, 나의 원수들에게 갔고, 문을 노크하고 이렇게 말했다. "자, 보시오, 나는 성체분배자요. 나는 당신 아버지가 죽어간다는 것을 압니다. 당신을 위해서 내가 성체를 모시고 갈까요?"라고 말했다. 정말 그들도 무너졌고, 그리고 나도 그랬다. 그런 후 나의 장모가 돌아가셨고, 나는 다시 성체를 모시고 갔다. 나는 내 가족에게 상처를 준 사람들에게 성체분배자가 되었다. 이것은 정말 아름다운 선물이었다. 그러나 만일, 나의 고집스러운 자아가 자리했다면, 나의 자존심은 십자가를 지게 되었을 것이고, 나는 용서하지 못하는 바보였을 것이다. 내가 자비를 베풀지 않았다면 자신을 비난했을 것이다. 왜냐하면 우리가 용서하는 만큼 용서받게 되기 때문이다. 그러므로 모든 것이 끝났을 때,

"오 하느님, 당신께서는 나와 내 가족에게 너무도 많은 상처를 준 사람들을 용서하는 이런 선물을 주셨습니다. 당신은 내가 그들을 용서할 수 있게 도우셨습니다." 라고 말했다. 내가 이렇게 끔찍한 용서를 할 수 있다면, 나의 신은 얼마나 더 많이 나를 용서할 수 있을 것인가. 알다시피, 이제 나는 그것을 맞바꾸고 싶지 않다.[5]

위에서 본 윌리엄의 이야기는 자발적으로 일어나는 신학적 성찰의 과정을 보여 준다. 윌리엄은 지속적인 그리스도의 은총을 통해 지난 15년 동안 점차로 자기중심에서 이타적으로 변화되었다는 것을 인정한다. 그는 이것이 자신 스스로 변화된 것이 아니었다는 것을 깨닫고 지침을 청하면서 기도 속에서 예수님께 돌아간다. "당신이 필요한 것이 무엇입니까? 당신이 원하는 것이 무엇입니까? 무엇을 하려 합니까?" 그의 원수들의 필요와 마주하게 되었을 때, 그는 자신의 행동에서 떠오르는 그러한 물음에서 답을 발견했다. 윌리엄은 예수님이 자신에게 상처를 준 가족에게 성체봉사를 할 수 있기를 바란다는 것을 알았다.

어떻게 윌리엄이 사후에 신학적으로 그의 경험을 성찰하는지에 주목하라. 그는 예전의 자아 수준으로는 성체분배자로서 이웃집 문을 결코 두드릴 수 없음을 알고 있다. 그는 하느님이 자신에게 하신 일에 감사와 경외심을 표현한다. 그는 자신이 용서라는 선물을 받았다는 것을 깨닫는다. 그는 그것 이상으로 자신이 발견한 신이 누구인지를 성찰한다. 만일 스스로 그렇다고 느꼈던 것만큼 자기중심

---

5 1990년에 결혼한 68세의 남성과 인터뷰한 것이다.

적인 윌리엄이, 상처를 용서할 수 있다면, 하느님은 얼마나 더 많이 용서할 수 있을까? 윌리엄이 신에 대해 생각하는 방식은 변화한 것처럼 보인다. 윌리엄이, "…… 알다시피, 이제 나는 그것을 맞바꾸고 싶지 않다."고 말할 때, 그는 신이 용서해 준다는 조건을 이유로 이웃을 용서한 것이 아님을 암시한다. 하느님이 그 용서를 할 수 있게 했기 때문에 이웃을 용서했던 것이며, 결국 윌리엄은 하느님의 선하심을 이해한 것이다.

최근에 교육받은 영적 지도자 중에는, 윌리엄의 경험을 신학적 차원에서 반응하고 적용할 수 있는 능숙한 지도자가 드물다. 치료에 주안점을 두고자 하는 영향 때문에 지도자는 내담자가 자신의 신앙 경험을 신앙 전통과 연결지으려는 시도를 놓쳐 버릴 수도 있다. 그들은 아마도 신앙경험에 관심을 갖기보다는 부정적 감정과 무의식적 갈등을 일차적 치료의 관심으로 두고 이야기를 듣는다. 영적 발전의 중요한 국면인 신앙을 통한 의미 부여 활동을 인정하는 데 실패함으로써, 이런 지도자들은 내담자의 신학적 기술을 지루해 하거나 불편해 할 수 있다. 그 때문에 영적 지도의 경험이 더 빈곤해진다. 어떤 지도자들은 내담자가 종교적으로 의미의 경험을 신학화할 때 불편해 하며, 내담자가 위대한 그리스도교의 신비 중 하나의 경험적 전용을 심화하는 것을 감상하는 대신에 그들이 지적 작업을 한다고 비난한다. 그리스도인의 삶에서 그 신앙에 대해 생각해 보는 장소가 있고, 자주 이러한 생각은 경험했던 신비로 이끈다.

이야기 신학자인 존 쉐이에 따르면, 종교적 전통은 신앙인들에게 공통 언어, 상징, 그리고 예식을 제공하며, 이는 우리의 경험을 해석하는 것을 돕는다.[6] 지도자 중 몇몇은 신학적 개념에 문제를 가지고 있는데, 그럼에도 그 지도자들은 문제들을 파악하기 위한 경험을 하기도 전에 내담자를 만난다. 예를 들어 윌리엄은 그리스도인들이 원수를 사랑해야 한다는 것을 안다. 그는 또한 그렇게 할 수 없다는 것이 어떻게 느껴질지도 알고 있었다. 이는 그의 감정 역시 어떻게 할 수 없음을 여전히 경험하고 있다. 신학적 개념으로 은총이 왔을 때, 용서라는 은총은 그가 생각했던 것보다 말로 표현할 수 없을 정도로 다르게 느껴졌다. 그럼에도 그는 용서의 신비가 그 안에서 넘쳐 나는 것을 인식하였다.

내담자가 경험을 기술하는 것을 기대하지 않고 개인적인 신앙 해석을 공식화하는 영적 지도자는, 영적 지도의 이런 차원을 망각하거나, 내담자의 해석을 그들 자신의 신학적 이해와 언어로 통제할 필요가 있다고 느낀다. 어느 쪽 반응도 내담자에게는 도움이 되지 않으며, 둘 다 영적 지도의 중요한 측면을 간과한 것이다. 내담자가 그들의 이야기(narrative)로 내보이는 경험과 설명 속에서 명시적으로 표현되는 것들에 대한 신학적 해석에 주의를 기울이는 것이 중요하다. 이러한 알아차림과 신학화는 내담자의 세계관과, 여러 해석과의 관계성 안에서 가장 잘 이루어진다. 이로써 하느님과 그들이 대면하는 신비에 지속해서 반응하는 내담자로 성장할 수 있다.

물론 이것은 대화의 한 측면에 불과하다. 그러나 그리스도교 신앙과 관련해 해석되지 않은 경험들은 충분하게 사용(appropriation)

---

6   John Shea, *Stories of Faith*(Chicago: Thomas More Press, 1980), 76~125. *Experiences of the Spirit*(Chicago: Thomas More Press, 1983).

되지 않는다. 그들은 매우 미완성인 채로 남을 수 있어서 경험이 제시하는 신학적인 면에서 내담자의 신비감이 깊어지지 않을 수 있다. 윌리엄은 스스로 이후의 해석을 해냈고, 이는 신의 용서하는 의지와 능력이라는 두 번째 종교적 경험으로 이끌었다. 윌리엄이 하느님께 받은 용서의 힘에만 초점을 두었다면, 그의 지도자는 그의 경험이 하느님에 대해서는 어떤 것을 가르쳐 주었는지에 대해 틀림없이 물어보았을 것이다.

성령 경험

윌리엄의 사례는 우리에게 성령 경험을 탐구하게 한다. 그의 기술은 성령체험을 (삶에) 충분히 적용하기 위해 체험 후 성찰을 요구하는 매우 미묘하면서도 극적이고 명백한 은총경험의 전형적인 예가 된다. 영적 지도자들에게는 내담자의 대화에서 소중한 것들을 찾아낼 수 있는 능력이 필요하다. 원수도 용서할 수 있는 능력을 부여받은 윌리엄의 은총은 너무나 극적이어서 그는 피할 수 없었다. 그의 경험에서 두드러지게 드러났다. 지난 15년에 걸쳐 나타난 순금 조각들은 윌리엄의 자기중심성을 지워버린 더욱 미세한 것들이기에, 그의 삶의 흐름을 구성하는 모든 '재료' 가운데서 더 철저히 검토하고 능동적으로 찾아낼 것을 요구한다.

이 섹션에서는 사람들의 구체적 대화 중 그들이 느끼는 것에서 성령을 감지할 수 있도록 하기 위해 성령의 폭넓은 경험을 기술한다. 이러한 성찰에서 나는 성령 경험에 기반을 둔 칼 라너의 은총신학을 따른다. 칼 라너는 우리의 일상에서 일어나는 하느님 경험에 대해서 감동적으로, 심지어 시적으로 말한다. 사실 은총은 경험하는 것이라고 그는 주장한다.[7] 그러나 라너는 주체가 은총에 의해 존재론적으로 변화하고 존재자의 구조에서도 변화하지만, 실제적 경험 어느 부분에서도 은총이 작용 중이라는 것을 발견할 수 없는 순수하게 형이상학적인 은총에 대한 기술에는 반대한다고 주장했다. 라너에 의하면, "은총의 본질은 (남성과 여성)초월적 영에 대한 하느님의 자기소통(self-communication)이다."[8] 하느님의 자기소통을 경험하면 지식과 사랑 속에서 하느님께로 향하는 사람으로 전환하도록 명령하는 효과가 있다. 그러므로 하느님의 참여와 하느님께로 향하는 이 같은 움직임으로 은총이 인간을 거룩하게 한다.

그리스도교 자체가 신앙 공동체의 경험에 기반을 두었다는 이해가 최근 몇 년 동안 신학을 변화시켰다. 만일 거기에 예수의 부활(이라는 경험)이 없다면, 그리스도인 공동체로서 여기 모여 있지 않을 것이다. 그러므로 칼 라너, 에드워드 스킬링백스, 프레드릭 부체너, 모니카 휠이그, 엘리자베스 존슨, 그리고 엘리자베스 드라어 같은 신학자와 작가들은 역사적이거나 동시대적이거나 현실 경험에 그들의 신학적 성찰을 연결한다. 영적 지도 과정에 도움을 주거나 신앙적 삶을 위해 가장 도움이 되는 신학은 추상적 사유(思惟)가 아니

---

7 In *The Human Experience God*(Mahwah, N.J.: Paulist Press, 1983), 데니스 에드워즈(Denis Edwards)는 근본적 라너의 관점을 유용하고 접근하기 쉬운 방식으로 해석한다.

8 Karl Rahner, "Enthusiasm and Grace" in *Theological Investigations: Experience of the Spirit*, vol.16, trans. David Morland(New York: Crossroad, 1983), 40.

라 은총이 깃든 인간 경험을 비추는 진실한 성찰이다.

긍정적 경험

(칼 라너는) 그의 짧은 소논문 「경험하는 성령」에서 두 개의 구별되는 경험 유형을 기술한다. 실증적 경험은 성사적 감수성이 우리를 압도하고, 그렇기 때문에 하느님의 현존, 빛, 사랑, 그리고 영광이 그들을 통해서 빛나는 순간들이다. 어린아이의 탄생에서 경험했던 것처럼 하느님과 우리의 창조적 협력으로 단순한 기쁨에 가득 차거나, 복잡한 우주에서부터 인간 존재자의 신비에 이르기까지 모든 창조된 것에 대해 신비감을 느끼거나, 예상치 못하게 놀랄 만한 아름다움의 순간을 경험하거나 우리를 위한 하느님의 사랑에 대한 경외심으로 다른 사람의 사랑에 우리가 녹아들 때 우리의 의식적 자각 속에서 이러한 것들이 일어난다.[9]

첫 번째 유형은 빛, 사랑, 기쁨, 경외, 또는 감사의 경험으로 특성화할 수 있다. 유명한 애니 딜라드(Annie Dillard)는 이와 같은 생각을 하는데, 『팅거 샛강의 순례(*Pilgrim at Tinker Creek*)』를 비롯한 여러 책에서 이 점을 설득력 있게 표현했다.[10] 사실상 그녀에게 우주는 보물로 가득 차 있으며, 우리가 그녀의 도움을 통해서 더욱 놀랍고 투명하게 세상을 경험하고 볼 수 있게 되었다. 자주 자연의 경험 또는 사랑과 애정의 경험은 우리에게 가치 있고 축복받는 느낌을 갖

---

9 Karl Rahner, *The Practice of the Faith: A Handbook of Contemporary Spirituality*, ed. Karl Lehmann and Albert Raffelt, trans. John Griffiths(New York: Crossroad, 1986), 80~81.

10 Annie Dillard, *Pilgrim at Tinker Creek*(New York: Bantam, 1975).

게 만든다. 그것들은 삶에 대한 신뢰의 태도를 뒷받침하고 우리를 경외심과 감사의 마음으로 채워 준다. 이런 경험을 통해 우리는 우리 자신 너머에서 또는 우리 자신 밖에서 끌어당겨지고, 또 다른 누군가에 의해 자신이 불려진다고 느낀다. 그것들이 우리를 관상하도록 이끈다. 신학자 발터 버거하르트의 표현으로, 실재를 "길고 애정어리게 들여다 봄"으로 이끄는 것이다. 어떤 사람들은 그렇게 변모된 우주 안에서 많은 시간을 보내며 살아가면서 그런 경험을 많이 한다.

부정적 경험들

대부분 영적 지도자들이 이런 긍정적 경험들을 인정하는 데 더 주의를 기울이기 때문에, 나는 칼 라너가 이 소논문에서 발전시킨 두 번째 경험 범주에 조금 더 주의 깊게 초점을 맞추려고 한다. 이것들은 더 부정적으로 느껴지며, 칼 라너는 그것들에 대해 우리의 해석과 만남 안에서 '갈라진 균열'로 경험된다고 말한다. 그는 어떤 것이 산산이 부서질 때 또는 사건들과 사람들이 우리를 실망하게 할 때 — "매일의 일상이 깨지고 사라져 버릴" 때[11] 우리가 성령의 경험들을 만난다고 암시한다. 그다음에 오는 것은 무엇인가? 이러한 종류의 어둠을 비추어 주는 빛이 있는가? 우리가 신뢰해 왔던 우리 세상 또는 우리 관계가 산산이 깨질 때, 우리는 우리 자신을 되돌아보게 된다. 우리는 아마도 불행해지고 이를 극복하면서, 이 같은 특별한 시기에, 우리 안의 하느님의 성령에 의해서 낯선 어떠한 방식

---

11 Rahner, *The Practice of Faith*, 81.

으로 움직인다. 여기 라너가 기술한 몇 가지 가능성이 있다.

- 상상할 수도 없는 하느님의 침묵으로 어떠한 사랑의 응답이 없더라도, 하느님에 대한 어떠한 감정적 경외심도 그를 더 이상 지탱해 주지 않더라도, 더 이상 자신 스스로 그리고 그의 삶에서 하느님의 현존을 느끼지 못하더라도, 비록 하느님을 사랑하는 일이 죽음과 절대적인 부정처럼 보이고, 공허하고 완전히 들리지 않는 것으로 부름받았으며 토대가 없는 텅 빈 곳으로 뛰어내리는 것처럼 느껴지고, 모든 것을 더 이상 유지할 수 없고 의미 없이 보이기 때문에 죽게 될 것이라 하더라도, 하느님을 사랑하려고 애쓰는 사람.[12]
- 아무런 보상을 받지 못하더라도, 침묵의 용서로 그녀가 용서할 수 있다는 것을 발견한 여성.
- 자신을 부인하는 느낌과 누구도 그에게 고마워하지 않을 어리석은 일을 한다는 끔찍한 느낌을 받으면서도 단지 그 일을 할 수밖에 없는 곳에서 자기 의무를 다하는 한 남성.
- 자신의 착한 행동은 사심 없고 고귀한 것이라는 등의 느낌의 보상조차 없는데도, 어떤 이해와 감사함의 메아리도 없지만, 어느 누군가에게 정말로 좋은 일을 하는 한 여성.

---

[12] Ibid., 82~83. 이 예화와 그 이후의 것들(?)은 다음의 에세이에서 발췌되었고 포괄적인 언어로 표현되었다. Karl Rahner의 "Reflections on the Experience of Grace" in *Theological Investigations*: *The Theology of the Spiritual Life*, vol. 3, trans. Karl and Boniface Kruger(Baltimore: Helicon Press, 1967), 86~90에서 동일하게 은총 경험의 불러내는 묘사도 보라.

- 비록 그가 부당하게 대접받을지라도, 그가 자신을 방어할 수 있을지라도 침묵을 지키며, 자신의 침묵이 그의 고유한 주권이라는 느낌도 없이 침묵을 지키는 한 남성.
- 아무런 목표 없이 그리고 완전한 고갈의 두려움을 갖고서 현존의 공허함이라는 황량함을 통해 자신의 삶이 얼마나 부질없고 티끌 같은지 갑자기 알아채고, 자신 앞에 영원히 펼쳐져 있을 것 같은 회색 모래들로 여전히 뒤덮여 있을지라도 어떻게 희망해야 하는지는 모르지만 이 작은 흐름이 무한히 넓은 바다를 발견할 것이라는 것을 희망하는 여성.

아래에 주어진 예시에서, 라너는 이 예들을 또 다른 경험들의 집합으로 확장한다. 이것들은 아무런 보장도 없어 보이지만 흔들릴 수 없는 기본적이고 근본적인 신앙, 개인적 희망을 넘어서는 희망을 공유한다. 우리가 원하는 대로 일이 진행되는 것처럼 보이지 않을 때 정반대의 한복판에서 정확하게 이 같은 희망이 일어난다. 우리는 이 우주가 전적으로 온화하다는 것을 암시하는 문화 속에서 살고 있다. 만일 우리가 이처럼 좋은 선물을 받지 않았다면 틀림없이 잘못된 장소에 있는 것이다. 이런 맥락에서, 어떤 뚜렷한 확실성도 없는데 우리 안에서 일어나는 사랑, 희망 그리고 신앙의 도약을 어떻게 설명할 수 있는가? 그것은 어디서 오는가? 라너는 그것이 우리 안의 성령의 활동이라고 말할 것이다. 예를 들면 다음과 같다.

- 어떤 명백한 성공과 혜택이 제공되지 않는데도 자유로운 책임감이 여전히 수용되고 생겨나는 곳.

- 한 인간이 어떠한 세속적 강요로도 빼앗길 수 없는 자신의 궁극적 자유를 경험하고 수용하는 곳.
- 죽음의 어둠 속으로 뛰어드는 것이 영원한 약속의 시작으로 받아들여지는 곳.
- 비록 그것이 입증 될 수는 없지만 누구도 혼자 감당할 수 없는 인생을 겪는 어떤 사람이 그것을 선으로 이해하는 곳.
- 어떤 최종적 기만에 대해 냉소적 회의주의의 싸구려 위안의 형태로 이해됨 없이 사랑, 아름다움, 기쁨의 단편적 체험이 사랑, 아름다움, 기쁨의 약속으로 경험되고 단순하고 순수하게 받아들여지는 곳.
- 그들이 앞으로 죽음을 준비하는 데 평화롭게 잘 정리하려는 방법으로 살고자 노력하고 매일의 삶에서 자신의 죽음을 연습하는 곳.
- 한 여성이 기도하려고 대담하게 고요한 침묵으로 들어가서, 비록 자신이 논쟁하고 합리화하려던 것에 대한 응답은 되돌아오지 않는 듯 보일지라도, 그녀의 기도가 경청됨을 알게 되는 그곳. – 그곳에 하느님과 하느님의 해방하는 은총이 있다.[13]

위의 각 예에서, 라너는 일상 삶에서 초월적 경험의 틀을 조명한다. 이러한 경험들은 자연적 선, 낙천주의, 또는 친절로 설명될 수 없다. 오히려 그것들은 그것들 안에 성령의 신비를 담고 있는데, 그는 우리의 존재를 가능하게 하고 이러한 응답들은 그로부터 기원

---

13 Rahner, *The Practice of Faith*, 83~84. 축약목록.

한다. 그래서 제목으로 이름 붙여지지 않더라도, 우리는 이미 하느님께로 기대고 있음을 드러내고, 초월적 경험들은 자기 이기심으로부터 우리를 해방한다. 신학적 범주에 적용하면, 그것들은 의지적인 힘을 통해서라기보다는 한 인간 경험 속에 은총의 방법으로 일어나는 사랑, 희망, 신앙의 신학적 미덕들의 표현이다.

행동에서 드러나는 명백한 신앙 경험들은, 우리가 보고하는 종교경험이라기보다는, 우리 또는 우리의 내담자가 단순하게 살아가는 삶의 방식을 포착한다. 영적 지도 과정에서, 나는 사랑하는 다른 사람들에 대한 아주 흔치 않은 성실과 친절의 이야기를 이들에게서 듣는다. 그럼에도 이 내담자들은 간신히 해나가는 중이라고 느낀다. 그들의 삶에서 도전이란, 이 같은 선택을 유지하는 것을 어렵게 하고, 그들에게서 항구함의 인식을 빼앗아 간다. 그럼에도 그들은 그것을 단순히 사람이 해야 할 일이라고 여기면서 일상생활을 하면서 같은 사람을 사랑한다. 우리를 위해 세상에 오신 예수님을 그들이 어떻게 바라보는지를 내담자의 입장에서 성찰하는 것이 지도자에게 중요하다. 우리는 그들이 스스로 알아차리지 못하는 예수님 같은 행동에 대해서 이름을 붙여줄 필요가 있다.

해방의 은총의 신호들

엘리자베스 드레이어는 신학자 에드워드 스힐레벡스의 작업을 인용하면서, 해방으로서 은총의 경험을 가리키는 유사한 집합의 성질들을 제공한다. 만일 이러한 성향이 내담자의 대화에서 자발적으로 나타난다면, 일단 그것들이 발생하는 상황을 탐구하고 우리가 들은 해방하는 은총의 신호들을 지목할 수가 있다. 우리는 이와 같은 질문을 할 수 있다. "이런 반응은 당신의 의지적 결정으로부터 오는 것인가? 아니면 다른 어딘가에서 오는 것인가? 이것이 당신의 천성적으로 낙천주의인가? 당신은 언제나 이런 종류의 상황에 이런 방법으로 응답해 왔는가? 만일 이런 은총의 반응들이 내담자들에게 신비로운 것이라면, 이것을 설명해 줄 수 있는 것이 무엇일까?"라고, 그리고 그것들 안에서 신이 했으리라고 할 만한 것을 전용할 수 있다. 내담자에게 있을 수 있는 은총의 반응들을 다음의 도표에 담았다.

    이 예들이 약간 추상적으로 보일 수도 있지만, 그것들은 신이 할 수 있는 일이 무엇인지 알아차릴 수 있는 방식들의 축약된 코드로 기여할 수 있다. 나는 당신을 위한 은총신학의 스케치를 시작한다. 이 신호들은 우리와 우리 내담자들이 자신을 선물 받고 은총 받은 것으로 경험하는 방식을 가리킨다. 하느님이 참으로 활동하는 곳은 우리 삶의 '균열'이 있는 곳에 성령의 경험과 해방되는 은총의 수많은 예화에서 드러난다. 은총이 없었다면 신앙, 희망, 그리고 사랑으로 응답할 수 없으므로 우리는 이를 깨닫는 것이다. 라너의 관점에서, 이러한 어려운 경험들은 일상적·자연적 선과 더욱 쉽게 구별된다. 이런 종류의 대부분의 경험에는 외적인 보상도 없고 자기 자신에게 좋을 것이라는 느낌의 확신도 없다.

    상호의존적 행동으로 현재를 사는 우리의 인식 때문에, 이처럼 어려운 상황에서 사랑, 희망, 신앙의 자연스러운 반응과 강박적 반응을 구별하는 신중한 식별이 요청된다. 우리는 우리의 내담자들에게 그들의 사랑과 항구성이 예수님의 해방하는 힘의 경험이 아니라 상호의존적 행동이라고 경고해 주고 싶은 유혹을 받을 수 있다. 내담자는 그것을 행동해야만 했다고 이야기 하겠지만 은총이 부과된 사랑에는 상당한 내적 자유를 보이지만 상호의존적 대화에서는 자유가 결여되어 있다. 그럼에도 현재 무거운 고통 때문에 이 같은 은총을 좋게 '느끼지' 못한다. 현재의 문화적 맥락에서, 그런 내적 확신으로부터 행동하는 것은 자신을 희생하는 사랑을 불러일으키는 종교적 전통 안에서조차도 의심스럽게 되었다.

영적 내담자의 반응들

-을 위한 자유 (Freedom for)	-로부터의 자유 (Freedom from)
자유	죄
정의	죄책감
하느님/다른 사람들과 평화	존재하는 불안들
삶의 자신감	귀신 공포
새로운 창조	운명의 속박
모든 것에 회복	죽음
기쁨	일상 근심 걱정
행복	슬픔
삶	절망/희망 없음
영원한 영광을 그리는 삶	불만족 동반
사랑	하느님/다른 사람
희망	부자유
만족	압제적/관계단절
선에 대한 윤리적 투신	사랑 없는
모든 것이 진리이고, 숭고함	제멋대로
정의, 순결함, 흥미로움	자기본위
사랑받을 만한 가치	신용 착취

서로에게 따뜻하고 관대하게 대하는	상대방에게 무자비한 저주
선으로 악을 극복	평판에 신경 씀
재화를 나누는 데	남에게 인상을 심어주려는 노력
치유를 위해서	공포
전 인격을 형성하기	즐거움의 부재[14]
하느님을 닮아가는	
예수님이 우리를 사랑하듯 사랑의 행보	

    칼 라너와 에드워드 스힐레벡스의 신학적 주장에 근거한 성령의 경험과 해방하는 은총의 이런 기술적 신호들은 비슷한 경험들을 떠올린다. 윌리엄의 사례는 내담자가 그의 삶에서 은총의 효과들을 알아차리고 성찰하는 방식을 보여 준다. 그는 용서의 은총을 받았다는 것을 의식했으며 그에게 상처를 주었던 가족에 대해서 윌리엄의 가족 중 누구도 관대한 사랑과 용서를 할 수 있는 능력이 없음을 알았다. 큰 공동체를 사목하는 한 사람으로서 그의 원수에게 그가 손길을 내밀 때, 하느님은 상처를 주었던 가족과 대화하는 은총을 그에게 주었다는 것을 윌리엄은 발견했다. 이후에 그가 이 경험에 동화됨으로써 자신의 삶에서 신의 작용과 용서하는 자로서 신의 신비가 그의 의식 안에서 울려 퍼진다. 자신의 충만한 은총으로 용서함으로써, 그는 그에게 모습을 드러낸 용서하는 하느님에게로 즉시 방향을 돌린다.

    다음의 대화는 약간 분명치 않다. 38세의 여성인 주디는, 그녀

---

14 Elizabeth Dreyer, *Manifestations of Grace*(Wilmington, Del.: Michael Glazier, 1990), 175~176. 드레이어의 표는 스킬리벡스의 사고에 기초한다.

의 삶에서 은총의 경험으로 그녀 가족의 생존을 처절하게 묘사한다. 그녀의 대화는 해방하는 은총에 대한 암시와 이제 생겨나기 시작하는 자유의 작은 금조각들로 빛난다.

정신적으로 대부분 날을 나는 나의 가족 경험과 하나가 되어 살아왔다. 나는 기능적으로 살고 있다. 12단계 중 하나는 "마치 우리가 하느님을 이해하는 것 같이, 우리의 삶을 바꾸고 우리의 의지를 하느님의 관심으로 향하게 하라"는 것이다. 그것을 실천한 후, 나는 첫 단계에서 시작해 아홉 단계의 감정적 근친상간의 이슈에 근접했을 때 한 후원자를 만났다. 이 같은 이슈로 충분히 치료받았고, 그녀는 내가 이것을(하느님께 방향 전환) 하도록 추천하였다. 이것은 그녀가 이제까지 나에게 주었던 최고의 조언이었다. 내가 죽 해왔던 것과는 정말로 다른 것이다. 2년 전이었다. 비록 내가 절망에 빠져 있었지만, 진짜로 배경이 있는 듯한 실질적 느낌이 있었다. 이것은 마치 무대에 있는 것 같았다. "이것은 정말 잘될 것이다"라는 배경이다. 이는 내가 소리치고 욕하는 날들이 있겠지만 나의 삶속에서 내가 보호받을 것이고, 위기를 견뎌낼 것이고 내가 충만해질 것이라는 감각이 있음을 의미한다. 하느님께서는 나를 위해서 모든 것을 하신다. 고통, 지루함, 그리고 다른 어려움 없는 내 삶이 아니라, 하느님이 진정, 진정 나를 위해서 가장 좋은 것을 원하시고 만일 우리가 함께하는 동반자로 일하게 되면, 나는 웃을 수 있는 일이 일어나는 것을 허용할 수 있다! 침착해지고 평정심을 갖게 하는 감각 속에서, 일상적 삶에 변화가 일어난다. 내가 통제할 수 없는 것들에 대해서 나는 신경질을 내지 않는다. 나는 진정으로 하루 하루를 산다. 나는 이

> 러한 생활로 바뀌는 데 8개월이 걸렸고 지금 어떠한 일이 일어나는지, 사물에서 하느님께로 방향 전환이 필요하고 그리고 인생의 신비가 있다는 것을 알아차렸다. 이전에는 앉아서 그것이 무엇인지 곰곰이 생각하고 문제를 해결했다. 거기에는 서너 가지의 올바른 선택이 있고, 아마도 잿빛의 어둠도 있다는 것을 알고, 만일 내가 하느님께 개방한다면, - 내가 망쳐버릴지라도 - 하느님은 결국 나를 궤도에 올려놓으신다는 것을 안다. 이것은 내가 물결 위에 떠서 움직여진다는 느낌이다.[15]

이는 회복 중인 사람의 대화다. "물결 위에 떠 있는"이라고 기술하는 주디의 경험 속에서 출현하는 자유의 뜻을 명확하게 조명하고 있다. 그녀는 이 "물결"을 그녀의 삶에서 하느님의 현존과 그녀에게 미치는 영향으로 알아 보았다. 그녀는 영성생활의 초기 단계에 있는데, 그녀 자신을 하느님께 승복시키고, 하느님이 그녀의 가족이 했던 것과는 다르게 대하리라는 것을 신뢰하는 데 어려움을 겪고 있다. 그녀의 적용신학이 이런 노력을 뒷받침하는 것은 그녀가 "나는 보호받을 것이고, 나는 살아남을 것이며, 나는 충만할 것이라는, 그래서 내가 번성하게 될 것이라는 감각, 그것이 하느님이 내게 원하는 전부"라는 뜻을 그녀가 갖고 있기 때문이다.

두 사례 모두가 연속적 성찰을 통한 은총 인식의 점진적 과정을 조명한다. 윌리엄은 자신에게 용서하고 화해하는 능력이 생기게 된 경험을 기술한다. 그 경험 후에, 그는 하느님이 이런 용서를 할 수 있게 했던 방식과 하느님이 나를 얼마나 많이 용서하시는지 둘

---

15 피정자의 허락을 받아 사용.

다를 깨달음에 따라 은총이 깊어진다. 가족의 학대 속에서 자란 주디에게, 평화와 자유의 출현과 점증하는 신뢰는 권능을 부여하는 은총의 신호다. 이런 변화는 그녀의 알코올 중독 치료와 하느님 경험의 결합을 통해서 일어난다. 그녀는 강박감에 사로잡힌 부자유한 행동과 자신(존재)을 돌보려는 믿음직한 감각의 차이를 기술한다. 그녀 자신 그리고 그녀의 마음속에 자신 스스로 해보려는 것을 넘어선 것이 다가올 때 그녀는 더 이상 모든 것을 조정하지 않으면서 해방하는 은총의 유일한 형태를 분간할 수 있다. 이 두 개의 예에서, 영적 지도의 맥락 안에서 뒤이은 성찰이 내담자가 더 깊은 고유함(appropriation) 속에 해방의 은총을 다시 경험하고 명명하는 것을 도왔다.

내가 이런 기술적 대화들을 골라낸 연구조사에서,[16] 나는 시간, 내성, 그리고 연속적 성찰에 대한 필요성이 매우 공통적이라는 것을 발견했다. 삶의 중요한 사건 또는 사람들의 하느님 경험을 중재할 때, 인터뷰한 사람의 단지 3분의 1만이 지속적 성찰로 이러한 경험을 규명할 수 있었다. 인터뷰한 과반수 사람은 경험에서 이름 붙일 수 없으며 신비스러운 것이 작동 중이라는 것을 즉시 인식하였다. 그러나 더욱 철저히 그것을 붙잡기 위해서는 지속적인 성찰이 요구된다. 그들의 경험이 신비임을 즉각적으로 인식하는 나머지 사람들은 그 경험을 신학적으로 성찰하면서 신비를 더욱 심화시키려고 한다. 이는 영적 지도자로서 우리 대부분이 이미 잘 알듯이 어떤 것을

---

16 Janet K. Ruffing, "The World Transfigured: Kataphatic Religious Experience," *Studies in Spirituality* 5(1995): 241.

집중 조명한다. 즉 우리의 내담자는 영적 지도의 배양 없이는 실제 그들의 은총의 경험에서 작은 조각만을 알아차릴 뿐이라는 점이다.

위에서 언급했던 첫 번째 그룹 전체는 만일 영적 지도를 받지 않았다면, 대부분 자신의 신앙 스토리들을 밝혀 내지 못했을 것이다. 고독, 전례, 기도 시간 동안에 그 경험이 일어나지 않은 사람에게는 더욱 그러하다. 은총의 경험적 신학에 의해 규명된 단서들은 우리의 탐구와 이 내담자들과의 성찰을 안내한다. 더욱더 깊은 은총의 이러한 순간들을 탐험함으로써 그들 인생의 여정에 더욱더 빛나는 작은 금 조각이 나타날 것이다. 영적 지도에는 항상 두 가지 측면이 있다. 하느님이 관여하는 것이 무엇인지? 그리고 내담자가 어떻게 반응하는지? 우리가 때로는 명확히 하느님이 관여하는 부분에 대한 이야기를 들을 수도 있으나, 가끔은 확실하게 파악되지 않는 어떤 것에 대한 해명할 수 없는 응답들에 대해 이야기하는 내담자의 설명에서 하느님의 행동을 단지 추측할 수 있을 뿐이다.

신앙의 신비

이 장 나머지 부분에서는 내담자에게서 드러나는 신앙의 신비에서 분명한 경험과 신앙의 신비 중 하나에 대한 응답을 탐구한다. 예수님 안에 나타나는 하느님과의 관계에서 그리스도인의 삶과 신학적으로 성삼위를 상징하는 교회의 전통적 방법들이 신비다. 우리는 다음 도표에 나오는 목록처럼 전례적 또는 교리적 내용으로 사용되어 왔던 초기 교회 사도신경의 다양한 부분들과 다른 핵심적

틀 속의 주제들을 회상함으로써 이에 대해 생각할 수 있다.

초기 교회로부터, 이 간략한 양식은 그리스도를 경험한 것처럼 신을 향한 삶을 표현하는 상징으로 이해되었다. 상징은 신앙의 무한한 신비로 향한다. 지도자인 우리는 이런 말들(이제는 신학적 범주들)을 상징으로서, 말과 정의에 포함된 것을 넘어서 분출하는 실재성을 가리키는 것을 다룰 것이다. 이런 교리적 형식을 구분하는 그리스도인의 경험은 성경에서 더 풍부한 서사와 가르침에 뿌리를 둔 것이면서 또 그것을 가정하는 것이다. 우리와 함께 하느님과 연관된 '복음'과 사도신경의 상징들 모두 다, 우리에게 예수님과 함께 나누는 삶의 풍요로움과 풍부한 은유를 제공하면서, 이와 똑같은 경험을 형성하는 데 공헌한다.

근본주의 전통을 제외한 모든 당대의 신학적 성찰은 우리의 신학적 언어가 우리의 경험을 형성하는 데 공헌한다고 해석한다. 누구도 '날것의' 경험을 사용하지 않는다. 우리의 경험은 언제나 우리가 이미 갖고 있는 평가기준을 통해서 해석된다. 때로는 교리적인 말들이 우리에게서 의미를 잃었기 때문에, 그런 말들에서 벗어나는 것이 필요할 수도 있다. 그리스도 신앙과 전통의 맥락 안에서 우리의 신에 대한 심오한 경험, 우리의 신비로운 경험을 전유(專有)하려면, 예수님 안에 드러나는 신앙의 지평 안에서 그것을 다시 제자리에 갖다 놓을 필요가 있다.

이는 그리스도교 전통에서 우리가 어떤 것을 명명할지 말지 차이를 만들어 낸다. 기도 속에서 하느님의 경험이, 예를 들어 삼위일체로서 하느님의 경험이라는 것을 개인적으로 인정할 때, 그 신비에 대한 이해는 깊어진다. 이는 우리에게 관념적인 방식 이상으로 실재적인 것이 된다. 이는 이 특수한 신비가 그 전통 안에서 다른 사람들에게 의미 있을 법한 것을 경이롭게 하고 관조하도록 이끈다. 우리는 자신이 신앙의 전통을 받아들일 뿐 아니라 그것에 참여하고 또 기여한다는 것을 발견한다. 우리는 다른 사람들의 목격에 기초해서 그리고 우리가 경험했던 어떤 것에 기초해서 믿음을 시작한다.

『신앙 이야기의 발견(Uncovering Stories of Faith)』이라는 책에서, 나는 내담자가 영적 지도에서 공유하는 은총의 스토리들을 해석하는 방식을 이미 기술했다. 우리의 경험에 관한 대화에는 이미 특별한 신학이 삽입되어 있다. 우리는 내담자가 그 안에서 자신들의 경험을 해석하는 신학적 세계관에도 주의를 기울여야 한다. 계시가 진행되는 하나의 과정으로서 신앙의 신비와의 대면을 내담자가 알아차리도록 지도자가 도움을 줄 때, 영적 내담자들은 더욱 그들 자신의 종교적 전통에 연관되는 느낌이 들기 시작한다. 그들은 그리스도 신앙과 신학이 지금 현재의 결과로 그들의 생생한 성령의 경험이 축적된 의미의 다중적 변화를 망라하기에 아주 넓다는 것을 이해하기 시작한다.

'새로운 경험'이 기존의 신학과 모순되거나 혹은 그리스도교 공동체 내의 상이한 사람들이 신학적 반성에 참여할 때마다, 새로운 신학적 통찰이 출현한다.[17] 우리는 더 이상 똑같은 방법으로 믿음

---

17 Hans Georg Gadamer in *Truth and Method*, trans. Garrett Barden and John Cumming(New York: Crossroad, 1975). "새 경험"의 특징에 대한 확대. 그는 항상 당황스러운 예상을 제안한다. 그것들은 우리가 볼 수 있는 것이 아니다. 이것은 실존적 단서로 우리의 추론적 구조는 이 경험을 적절하게 설명할 수 없다. 이러한 방법, 새로운 상황들, 조건들, 긍정적인 경험들은

을 갖지 않는다. 왜냐하면 경험을 통해 변화했기 때문이다. 우리는 새로운 관점에서 이해하게 된다.[18] 영적 지도에 참여하는 많은 사람이 신학적 관점에서 근본적 변화를 겪을 것이다. 예를 들면, 여성들이 그리스도교 신비에 전적인 참여와 그들에게 볼 수 있도록 제공하는 방법 그리고 여성적 경험으로부터 새롭게 구현하는 신학적 시도를 한다. 남녀 평신도들은 결혼신학, 관계신학과 우정신학을 표현한다. 우리 가운데 많은 사람은 신학적 탐험의 창조적 분야가 현재로는 왜 종말론적 설명으로 되는지, 우주의 생성 이야기와 새로운 우주의 관계 속에 우리의 실천적 신학을 재해석하고 있다. 예를 들면, 어떤 이들은 "새로운 하늘과 땅"에 대한 개념이 어떻게 이 세상과 이 지구에 연관되는지 탐구한다.

예를 들면, 특별히 그들의 죽음과 고통이 관련 있듯이, 하느님의 의지와 성인들의 통교, 현세대의 예화인 신앙의 신비를 약간 논의하고 싶다. 이러한 신비에 대한 새로운 통찰은 현재 우리 내담자의 일반적인 경험들이다. 왜냐하면 특별히 과학의 영향으로 교회와 문화

그것이 성장하게 허용함으로써 수용하는 전통에 공헌한다.

[18] Berard Marthaler, *The Creed: The Apostolic Faith in Contemporary Theology* (Mystic, Conn.: Twenty-Third Publications, 1993). 지역교회 안에서 사도신경을 공식화하고 재공식화하며 후에 공의회에서 모으는 공동체 과정이 개인적 과정과 아주 유사함을 이 섹션에서 기술하였다. 그는 사도신경의 다양한 기능을 신앙고백, 상징, 이야기, 영송, 신앙의 규범(pp.1~18를 보라)으로 규정한다. 신앙의 원칙을 사도신경으로만 규정짓는 지도자와 내담자는 그리스도인 삶에서 무궁무진한 신비를 겪어가는 과정의 한 부분을 신학적 주제나 언어로 설명하는 것을 꺼리거나 못한다. 신앙은 성 삼위 관계의 과정이다. 관계는 그들이 자신감을 얻고 재투신을 하기 전에 주로 도전과 의심을 통해 변화하고 성장한다.

모두가 주요한 패러다임에 따라 변화하기 때문이다. 어떠한 교리의 조항도 우리 내담자의 그리스도인 생활의 풍부한 경험 속에서 언제든지 나타날 수 있다. 거기에는 우리의 명상적 경험에서 벗어나 실천신학을 할 여지가 항상 있는데, 우리 각자는 우리 삶의 각기 다른 시기에 무엇을 우리가 실제로 믿는지 분명히 표현할 필요가 있다. 경배와 찬양에서 우리가 고백하는 사도신경과 우리와의 관계를 니콜라스 레시는 "짧은 단어들과 끊임없는 배움"[19]이라는 시적 표현으로 묘사한다. 그리스도교 신앙은 진실로 끝없는 배움의 과정이다.

그리스도교의 신앙의 신비

삼위일체

하느님/ 성령 신비

근원/ 무 기원/ 아빠/ 아버지

아들/ 말씀/ 예수/ 구원자

창조

강생

하느님 나라

---

[19] Nicholas Lash, *Believing Three Ways in One God: A Reading of the Apostles' Creed*(Notre Dame: University of Notre Dame Press, 1993), 4. 신학자가 쓴 작은 소책자는, 그들의 신앙경험의 렌즈를 통해 그들의 경험을 성찰한 일반적인 그리스도인 성인의 경험을 비춘다.

고통의 증인
구속/ 구원/ 치유
죽음
예수부활
성령
성소/ 부르심/ 제자직
교회/ 예수님의 몸/ 하느님의 사람/ 친교
봉사자/ 봉사
성인들의 통공/ 성스러운 것과 대화
성모
제자/ 추종자/ 애인/ 친구/ 사랑스러운 사람/ 신앙이 있는
성사들/ 우주/ 성체성사
세례성사/ 견진성사/ 병자성사
치유/ 용서/ 화해
결혼/ 서품
종말론
죽음
천상, 지옥, 연옥
육체의 부활
영원한 생명
하느님 뜻
아가페/ 사랑 (친교, 친구들, 이방인, 원수)
진복
영성과 성찬의 자비
은총
숭배/ 신성 (신학)
섭리

계시/ 영감/ 조명
천사들
악마들

성인들의 통공(communion)

영적 지도자로서 경험이 더욱 풍성해지고 나이가 들어가면서, 내 삶에 결코 직접 영향을 주지는 않았던 신앙의 신비가 갑자기 경외감을 불러일으키고 더 중요하다는 것을 알게 되었다. 예를 들면, 중년기의 내담자에게서 성인의 통공과 연관된 구조, 육신의 부활, 그리고 영생에 관련한 주제들이 자주 출현한다. 사별의 경험은 종종 신앙인들에게는 그들이 사랑하던 고인이 어디에 있는지. 사후세계에서는 무슨 일이 일어날지에 대하여 경외심으로 이끈다.

우리 수도공동체의 한 수녀님이 처음으로 나에게 이러한 신비에 대해 관심을 두도록 상기시켰다. 그녀와 매우 가까웠던 아버지가 죽기 전까지 '성인들의 통공'에 대해서 전혀 이해하지 못하였다. 아버지의 죽음 때문에 한창 슬퍼할 때, 이 신비의 의미에 대한 성찰로 놀라움과 깊은 위안을 얻을 수 있었다. 사별의 경험은 우리를 실제적인 상실감을 부정하지 않으면서도 어떠한 상징과 신념으로 우리의 슬픔을 완화하는 교회 전통을 추구하도록 이끈다. 누군가에게는 부활의 약속이 도움을 주며, 다른 사람들에게는 성인들의 통공이, 또 다른 사람들에게는 하느님의 사랑, 용서, 그리고 열정에 대한 확신이 도움을 준다. 내담자는 때로는 잠시 동안, 때로는 여생 동안, 그들이 사랑했던 고인과 계속해서 소통하거나 기도하는 모습을 보여 준다.

부모님이 돌아가시지 않았어도 나 역시도 성인들의 통공의 신비에 대해서 기도하고 자기 성찰을 한다. 나와 함께 수도생활을 했던, 그리고 나에게 수많은 방법으로 애정을 아끼지 않았던 사람들이 지금 죽어간다. 나의 많은 친구와 나를 아는 모든 사람이 부모님의 쇠약함, 늙어감, 아픔, 고통, 그리고, 죽음 자체의 신비에 직면해가는 것 같다. 아직도 죽음은 삶에서 피할 수 없는 것이지만 그리스도인의 관점에서 죽음은 최종적 단어가 아니다. 이 신비에 함축된 것은 우리가 알던 사람들을 실제 잃었음에도, 미래에 다시 만날 수 있다는 희망과, 사별 후에도 고인이 지속해서 현존하는 것 같은 감각이 남아 있을 수 있다는 뜻이다.

부모님이 돌아가셨거나, 또는 다른 사람을 잃은 사람 중에는 정말로 색다른 반응들을 보이기 시작하는 사람들이 있다. 한 내담자인 코라는 베아트릭스 부르티우(Beatrice Bruteau)가 쓴 『하느님의 황홀경(God's Ecstasy)』을 읽기 시작했다.[20] 그녀는 우주의 새로운 이야기에 깊이 빠져서, 자신의 개인적 이야기는 점점 줄어들고, 사후세계의 가능성에 대한 의구심이 더욱더 깊어지기 시작했다. 성인의 통교, 육신의 부활, 영원한 생명을 다루는 신앙의 신비는 코라에게 의미를 상실했고, 그리고 아버지의 죽음을 생각할 때마다 그녀는 두려움을 갖는다. 그녀는 비록 문자 그대로 이해했지만, 자신이 과거에 이해했던 것을 완전히 부인하지 않으면서 자신의 새로운 이해를

---

20 Beatrice Bruteau, *God's Ecstasy: The Creation of a Self-Creating World*(New York: Crossroad, 1997).

통합하는 작업을 계속했다. 그녀는 하느님과의 신앙관계와 자신이 과거에 그 신앙을 이해했던 방식에 대한 도전과 씨름하고 있다.

역설적으로, 신성한 삼위가 우리에게 머물러 있듯이, 성스러운 고인이 신비로운 방식으로 우리에게 현존하는 방식을 『급진적 낙천주의(Radical Optimism)』라는 책에서 부르티우가 환기하므로, 부루티우의 성인의 통공에 대한 성찰을 읽은 다른 사람들은 그들의 지평이 넓어짐을 발견한다. 부르티우가 〔라틴어로 성스러운(Sancta)이란 의미를 끌어와서〕, 성스러운 사물뿐만 아니라 사람들과의 대화를 포함하는 개념으로 확장할 때 전 우주는 성사적 신앙을 위한 공동체의 모임과 창조 안에 계시는 하느님의 성사적 현존을 비추어 준다. 부르티우는 우리의 내담자와 비슷하다. 그녀는 새로운 세계관과 그녀의 관상적 경험의 전망으로부터, 자신이 이런 신앙의 신비를 이해할 수 있는 방식과 자신의 의식과 결정에 이런 이해가 만들어낼 수 있을 주장들이 무엇인지를 이해하려고 단순히 노력했을 뿐이다.[21]

반드시 사별이란 경험을 통해서만 이와 같은 성인의 통공의 신비로 돌입하게 되는 것은 아니다. 역사적으로나 개인적으로 모든 성인품에 오르지 않은 이름 없는 성인을 기억하도록 우리는 전례력으로 모든 성인의 대축일에 초대된다. 우리 수도회의 창립자인 캐더린 맥월리, 오스카 로메로 대주교, 도로시 데이, 마틴 루터 킹, 그리고, 지역 공동체에서 성인이라고 불리는 사람들의 이름을 성인 호칭기도

---

[21] Beatrice Bruteau, *Radical Optimism: Rooting Ourselves in Reality*(New York: Crossroad, 1993), 103~116. 몇몇 독자들은 *Friends of God and Prophets*에서 엘리자베스 존슨izabeth Johnson의 성인들의 통공에 대한 여성주의 해석에 흥미를 느낄 것이다. *A Feminist Theological Reading of the Communion of Saints*(New York: Crossroad, 1998).

에 곁들여서 들을 수 있었던 부활전야 미사에서, 나는 깊이 감동하였다. 지역 공동체의 성인에 대한 그와 같은 호명은, 보편교회의 정치적이고 교리적인 긴장들을 줄여 준다. 오랫동안 유지되어 온 습관과 그리스도교 전통의 근원은 신앙에 응답하기 위한 혁신과 권능을 불러내는 한 가지 길이다.

하느님의 의지

죄악, 고통, 죽음의 상황에서 하느님의 의지에 응답하고 이해하려는 싸움은, 내담자의 삶에서 빈번하게 출현하는 신앙의 또 다른 신비다. 나는 자유롭게 때로는 강제적인 해석 모두를 인정하는 신학적 상징인 '하느님의 의지'를 신선하게 신학화하는 평범한 신자들의 몇 가지 사례를 함께 나누고 싶다. 너무나 종종, 하느님의 의지도 아니고 단순히 죄악의 결과인 조건들에 대해 저항하기보다는 '하느님의 의지'라 여기며 억압상황을 유지하는 경우가 있었다. 성령의 경험은 자유로운 것이지 억압하는 것은 아니다. 심지어 성령 경험이 우리를 죽음과 고통으로 이끈다 해도, 그것은 억압하는 것이 아니며, 현재 상황을 넘어서 희망으로 향할 수 있도록 우리에게 힘을 불어넣어 주기 때문이다. 그것은 우리의 박애와 개성을 지지하고, 우리의 현실과 타협하는 것이 아니라 현실을 확장한다.

죽음과 고통의 상황 속에서 하느님의 의지에 대한 이해를 해방하는 한 예를 앞서 대학원 졸업생에게서 찾을 수 있다. 결혼한 선교사 데레사는 페루에서의 사목활동으로부터 이러한 경험을 나누었다.

> 나의 가장 큰 스승인 한 여성을 페루 리마의 한 변두리에서 만난 것은 하느님의 뜻이었다. 페루 사람들은 대부분 도시 빈민이다. 그들의 생활은 가난 때문에 수많은 죄를 짓고 있었다. 그들은 자녀들이 죽거나, 도시의 수많은 어린이가 죽으면 그것이 곧 하느님의 뜻이며 하느님의 심판이라고 종종 생각했다. 어느 날, 우리는 가족 교리 프로그램으로 현실에 대한 성찰의 시간을 가졌다. 하느님의 뜻이 결코 사람들을 억압하지 않는다는 데 초점을 두고 대화를 시작했다. 예수님은 풍요와 생명의 전파를 통해 우리의 모든 것을 본다고 전했다. 어머니들은 자녀들의 죽음이 더러운 물 때문이지, 하느님의 뜻과는 아무런 상관이 없다는 결론을 내리게 되었다. 인간의 삶에서 일어나는 많은 일들이 하느님의 의지와 반대된다. 하느님이 의지하시고 우리에게 말하시는 것은 죽음(무덤)으로 부터의 끊임없는 탈출이다. 리마로 부터의 교훈을 나의 삶으로 옮기는 작업은 전환의 과정이 될 때까지 지속되었다. 나의 삶에서 어떠한 것을 더러운 물이라 명명하고 나의 행동을 통해 새로운 생명의 샘을 발견하는 과정에 내가 사로 잡힌 것은 하느님의 의지이다.[22]

이 짧은 예화는 자비롭게 전체를 관할하시는 하느님에 대한 믿음과 신뢰를 파괴하지 않는 방식으로 고통스럽고 도전적인 경험들의 의미를 이해하려 노력하는 열심한 신자의 '풀뿌리' 신학적 성찰의 아름다움을 전해 준다. 그들은 하느님에게 악의에 찬 존재로 변해, 화

---

22 Theresa Rhodes McGee, *The Comforter: Stories of Loss and Rebirth*(New York: Crossroad, 1997), 52~65. 삽화의 확장판.

를 낸다거나 고통스러운 상황을 부정하는 충동에 저항하는 과정을 겪으며, 동시에 고통을 경감하려는 저항을 보인다. 그들은 자신들이 처한 상황의 고통과 비통함을 부정하려는 욕구에 저항하는 동시에 하느님을 우리의 고통을 즐기는 악의에 찬 존재로 바꾸는 데 저항한다.

나는 사랑하는 가족 구성원이나 친구가 불필요하게 고통을 겪는 것을 지켜보면서 신앙생활 전체가 붕괴한 것처럼 보였던 내담자나 친구들과 함께 걸어왔다. 악, 고통, 그리고 죽음의 신비와의 대면은 우리를 새로운 이해로 몰아넣는다. 우리의 공식화가 전적으로 교의적이거나 전적으로 타당하지는 않으나, 리마에 있는 여성 공동체에 근거한 이 증언은 나에게 희망을 주었고, 데레사의 삶의 방식대로 살게 했다. 피할 수 있는 원인으로 어린이들이 죽었기 때문에 희망은 자라고 고통을 견딜 수 있다. 이런 방식은 감정적으로 그리고 신학적으로 '나쁜 물'이란 은유로 표현된다.

프레드릭 부크너는 『비밀누설(Telling Secrets)』이라는 책에서 하느님의 뜻에 대한 또 다른 성찰을 보여 준다. 성경의 상징을 사용하면서, 그는 아버지의 자살 이후에 그 사실을 이해하기 위해 여러 해 동안 씨름한다.

> 성서적인 신앙의 하느님은 가장 윗자리로 올려서 시작하는 하느님인데, 그는 또한 매순간마다 매일매일 역사적인 활동을 계속하는 하느님으로, 동시대인으로 내 삶과 당신 삶이 샌프란시스코 크로닉과 뉴욕타임즈 신문에 쓰여질 수 있는 역사를 의미하는데, 어느 곳에 가장 중요한 면을 차지하지 못하

지만 언젠가 우리에게 몇 줄의 부고란이 할당될 것이다. 하느님은 성서에 등장하는 "출애굽기, 계약(십계명), 약속의 땅의 입성"과 같은 전지전능한 활동인데, 우리의 일상생활에서 나타나는 하느님의 활동은 정말 미약하기 짝이 없다. 제2차 세계대전이 일어나기 전에, 버뮤다의 한 약속의 땅에서 우리는 아버지를 잃은 충격과 슬픔의 당혹감과 황량함에 직면했는데, 나와 내 동생은 어머니 앞에서 절대로 아버지에 대해 말하지 않겠다고 약속하였다. 속박으로부터 도주하기 위해 아버지가 선택했던 아버지의 죽음이 유일한 그의 탈출방법이라고 생각했다.

체스를 두는 사람같이 확신하는 길로 우리를 이동시키듯이, 하느님이 우리에게 이 사건이 일어나게 하시는 것을 의미하지는 않지만, 이와 같은 특별한 사건 속에서조차 전능하신 하느님은 있다고 말할 수 있다. 아무런 예고도 없이 비가 내리듯이, 그들 자신의 삶에서 사건들은 불현듯 일어나며, 그것은 그들에게 무슨 특별한 이유가 있어서가 아니고, 이 사건 안에서 가장 어려움에 처해 있거나, 또는 가장 소름 끼치도록 힘든 상황에 처한 사람 중 한 사람이 무엇이 구원인지를 믿게 된다. 이것이 치유와 새 삶의 가능성을 제공하기 때문에 그들 속에 하느님이 현존함을 의미한다. 나의 어떠한 판단도 하느님의 자비와 사랑이 내 아버지의 자살을 원했다고는 믿지 않는다. 그가 맞닥뜨린 견딜 수 없는 그의 삶에서 탈출하기 위한 유일한 방법으로, 그 자살은 아버지 스스로 원했던 것이다. 11월 초 어느 날 아침, 뉴저지 주 에섹스에서 하느님이 원하지 않았던 일이 일어났다. 그러나 나는 하느님이 나의 아버지와 함께 계셨다고 믿는다. - 하느님이 아버지와 어떻게 함께하는지를 상상하며 - 만일 아버지가 하느님의 모든 것을 생각했다면, 틀림없이 하느님을 느꼈을 것이고, 그렇기에 나는 전적으로 삶에 대한 포기가 더 나았을 것인가를 추측하였다 - 그러나 나의 신앙뿐만 아니라 나의 기도와 나의 추측을 넘어선 방법으로 그 분은 거기에 있었으며, 계속해서 함께 현존하고 있다. 기도로 더 강해지고 또 더 현명해졌을 뿐만 아니라, 상처로 남아 있는 이날을 감추고 드러내지 않는 것이 나를 망가뜨리지 않는 것이라는 느낌으로 어두운 시간 속에 있었던 나에게 하느님이 어떻게 함께하셨는지에 대한 확신이 있다고 말할 수 있다. 수년 전에 아버지의 전부를 잃은 것이 아니라, 미처 생각하지 못했던 비극이 은총의 수단이 될 수도 있다는 것을 배웠다고 생각한다. 만약 아버지가 살아 있었더라면 내가 하느님께로 시선을 돌릴 수 없었다는 사실을 그 누가 어떻게 알았겠는가? 다른 말로, 돌이켜 보면 무대를 설치하고 실을 움직여서 꼭두각시를 움직이는 것이 아니고 위대한 지도자인 하느님은 어떠한 운명의 순간에도 우리를 두 날개로 감싸서 너와 나의 삶 속에서 그리고 역사 속에서 활동하심을 알 수 있다. 만일 우리가 눈과 귀를 갖고, 가슴을 열고 있다면, 그러나 때때로 우리가 그렇지 않더라도, 전체의 방대한 드라마에서 우리는 자신이 작지만 아주 중요한 부분으로써 풍요로운 방법을 통해 우리의 삶을 신성하게 하고 스스로 권능을 부여하는 역할을 할 수 있다.[23]

이 간단한 예화는 고통을 이겨내고, 어떠한 도전이 있어도 신앙을 포기하지 않고, 그리고 완전하신 하느님께 존경으로 믿는 열정적

---

23 Frederick Buechner, *Telling Secrets: A Memoir*(San Francisco: Harper, 1993), 30~32.

인 신앙인이 살아온 삶의 신학적 성찰의 냄새를 풍긴다. 부크너는 자신의 아버지 죽음에 대해서 용감하게 이야기하면서 이 비밀을 지키는 부담감에서 자신을 해방하였다. 결국 그는 이런 고통스러운 경험에 대한 신학적 해결책을 찾으려는 씨름을 더 이상 피하지 않는다.

우리와 우리의 내담자는 이러한 어려운 상황에서 하느님을 경험하는 장소와 방식을 분간함으로써, 동시에 우리 스스로 그것을 다시 명확히 표현하려고 씨름함으로써 그것이 긍정적인 신앙의 충족된 결과로 크게 기여하는 것을 발견할 수 있다. 이와 같은 의지는 즉시 일어나지 않는다. 위의 예화는 결론이 나고서 몇 년 뒤에 쓰인 것이다. 이는 어려운 경험 한가운데서 드러나는 하느님의 신비에 개방된 내담자와는 아주 다르다. 그럼에도 고통 속에 있는 그들을 지지하고, 신앙 안에서 이 같은 경험의 감각을 내담자가 어떻게 만드는지 경청하는 것이 중요하다. 만일 지속적으로 우리가 그것에 관여하고 인내롭게 풀어낸다면, 나중의 두 사건이 설명해 주듯이 불신앙 또는 변화된 신앙이 더욱 성숙한 인간으로 이끌고, 더욱 성숙한 신앙의 관점으로 인도되는 것이다.

영적 지도자들인 우리는, 내담자에게 우리의 신학적 해답이나 입장을 부과하지 않도록 주의할 필요가 있다. 내담자가 지도자들과는 매우 다른 신학적 접근을 묘사할 때, 지도자들은 내담자의 의미 창조 과정에 방해되지 않도록 애정 어린 반응으로 동반하는 것이 필요하다. 우리는 슈퍼비전에서 내담자의 전이에 대항하는 우리의 반응과 함께 신학적 해석의 충돌에 주의를 기울일 필요가 있다. 우리의 강한 반응을 성찰함으로써, 우리는 자신의 관점을 내담자에게 부과하지 않고, 내담자에게 씨앗을 뿌리고 가능성을 열어두는 길을 배운다. 리마의 여성은 그들 공동체의 신앙으로 그들 자신의 신학적 해결을 찾았다. 그럼으로써 우리의 내담자도 그렇게 할 것이다.

이냐시오 피정에서 신학적 이슈들

위의 요점에 따르면, (이 장에서는 지속적인 영적 지도의 구조 속에서 영적 지도의 신학적 영역에 본질적 초점을 맞추었다기보다는 특별히 피정 중에 주어지는 지도다) 성 이냐시오의 영신수련에 익숙한 영적 지도자들은 피정 속에서 갈구하는 은총을 명료화할 뿐만 아니라, 내담자를 대화로 이끌어 내는 수단이기도 한 개인적인 고유함(appropriation)의 신비로운 신앙 체험으로 인식한다. 이것이 카르도네 강가에서의 이냐시오 자신이 경험한 것과 같은 것이다.

> 거기에 앉아 있는 동안 그의 마음이 열리기 시작하더니, 비록 환시를 보지는 않았으나 영성적 사정과 신앙 및 학식에 관한 여러 가지를 깨닫고 배우게 되었다. 모든 것이 그에게는 새롭게 보일 만큼 강렬한 조명이 비쳐 왔다. 깨달은 바는 많았지만, 오성에 더없이 선명한 것을 체험했다는 것 외에는 자세한 설명을 할 수 없었다.[24]

하비 이건(Harvey Egan)은 이냐시오의 이러한 경험이 영신수련의

---

[24] *Ignatius of Loyola: Spiritual Exercises and Selected Writings*, ed. George Ganss, Classics of Western Spirituality(Mahwah, N.J.: Paulist Press, 1991), "The Autobiography," no. 30.

시작에 '원리와 기초'를 고려하도록 영감을 불어넣었다고 믿고, "이냐시오가 그리스도인의 신비로운 통합이 우러나는 감각을 받았다"고 제안한다.[25] 그러므로 그는 세상을 향한 삼위인 하느님의 지향과 의도와 성삼위 인격의 친숙한 경험을 통해서 – 구원, 부활, 강생, 삼위, 창조 – 다른 사람(타자)이 그리스도교의 신비에 반응하고 이해하길 원한다.

피정의 전 과정에서 이러한 신비가 엮어지기 때문에, 이냐시오 훈련을 받은 많은 지도자는 아마도 이냐시오 시대의 신학적 역사관을 내담자에게 무의식적으로 강요하거나 신학적 영역이 하찮은 것으로 가정할 수 있다. 수많은 현대의 영신수련 전문가는 구체적으로 적절한 신학적 관점으로 영신수련을 새롭게 적용하고 재해석하는 데 심혈을 기울인다.[26]

성 이냐시오의 영신수련이 아닌 다른 틀에서 영적 지도가 일어날 때, 그리스도인 신앙의 신비는 교회의 전례력, 성서 묵상 또는 생활 속에서 일어나는 도전에 대한 반응으로 드러나게 될 것이다. 지속적인 영적 지도의 맥락이나 영신수련으로 구조가 잡혀 있지 않은 피정 시간에 지도자는, 어떠한 특수한 연속성에서도 영신수련에서 일어난 것과 같은 이런 신비와 만나도록 '프로그램'화되어 있지

---

25 Harvey Egan, *Christian Mysticism: The Future of a Tradition*(New York: Pueblo, 1984), 36.

26 Harvey D. Egan, S.J., *The Spiritual Exercises and the Ignatian Mystical Horizon*(St. Louis, Mo.: Institute for Jesuit Sources, 1976). 그리고 *Christian Mysticism*, 30~79. 지난 20년에 *Studies in Jesuit Spirituality*뿐만 아니라 *The Way and The Supplement to the Way*에서 신학적으로 영신수련의 해석에 관련된 신학적 서적을 출판하고 있다.

않다. 결국 지도자는 예측할 수 없는 방식으로 출현하는 신앙의 신비를 규명하기 위해 좀 더 주의를 기울일 필요가 있다.

신학적 내용에 대한 반응들

영적 지도의 대화에서, 우리는 수많은 방식으로 신학적 차원에서 상호작용이 일어날 수 있다. 이 장의 첫 부분에서, 나는 지도자들이 종교적 경험으로 간주하는 것들에 대한 이해를 확장하도록 부추겼다. 나는 삶의 흐름을 통틀어 흩뿌려진 성령의 흔적들, 경험을 심화하는 단서들을 찾고 따라갈 것을 제안했다. 우리가 내담자의 이야기에서 그들의 용기, 무아성(無我性), 신앙을 경험하는 장소는 어디인가? 행동보다는 느낌에서 그들의 사랑이 보이는 것을 우리는 어디에서 볼 수 있을까? 우리는 무엇을 통해 성령이 다 소진되지 않고 활력 있게 유지되는가를 발견하는가? 만일 우리가 이런 성령의 흔적을 알아차린다면, 우리의 내담자들 역시 이런 경험들을 전유하기 시작할 것이다. 그들 삶에 성령의 움직임을 느낄 수 있는 민감함이 증가한다면, 그들에게 고유한 은총의 세상이 깊어지고 그들의 의식 경험에서 더 잘 이용하게 될 것이다. 탐구과정의 끝에 최고의 신학적 명칭은 생겨난다. 만일 내담자가 신학적 언어와 상징을 사용한다면, 우리는 먼저 그들이 그 용어의 사용을 시작했던 경험을 탐구하고 그들이 기술했던 경험에 비추어서 상징들을 모으는 것처럼 보이는 새로운 의미가 무엇인지 발견하려고 노력할 것이다.

우리 자신의 삶과 내담자의 삶 안에서, 성서나 사도신경에서 명확하게 표현된 것과 같은 신앙의 신비가 임의로 그리고 단편적으로 발생한다. 어떤 지도자에게는 위의 예 중 하나에서처럼 어떻게 혹은 무슨 상황에서 이런 신비가 내담자의 일상적인 삶 속에서 모습을 드러내는지 알아차리도록 자신을 준비하는 방식으로, 신앙의 신비의 단순한 목록을 사용하는 것도 가능할 것이다.

전례 행사 또는 성서 내용과 관련된 기도 경험은 우리에게 드러나는 신비를 새롭게 이해하도록 종종 압박한다. 예를 들면, 우리가 성체성사를 거행할 때, 그리고 어떤 신비로운 방법으로 의미 있는 일이 일어날 때, 그것은 정말 신비로운 것이다. 신비를 맛보고, 느끼고, 누리고 경험할 때, 의미가 모이고 반응을 불러낸다. 누가 예수님의 몸인가? 예수의 몸이 교회의 밖에서 움직일 때, 계단 위의 노숙자와 한 몸처럼 우리 스스로 경험할 때 신자로서 우리에게 무슨 일이 일어나는가? 우리가 거지의 얼굴에서 그리스도의 얼굴을 알아볼 때 무슨 일이 일어나는가?

●●●

나는 이번 장의 영적 지도의 대화에서 신학적 주제들에 주의를 기울이는 적절한 방법에 집중하였다.[27] 신앙은 이해를 추구한다. 때

---

27 몇몇 독자들은 미국 가톨릭 맥락에서 영적인 삶과 당대의 신학적 성찰과 관련 있는 짧은 에세이를 찾기 위한 도움이 될 만한 자료로 *The New Dictionary of Catholic Spirituality,* ed. Michael Downey(Collegeville, Minn.: Liturgical Press, 1993)을 찾을 수도 있다. 다른 독자들은 Philip Sheldrake, "Living our Theology," *Spirituality and Theology: Christian Living and the Doctrine of God*(Maryknoll, N.Y.: Orbis Books, 1998)을 찾을 수 있으면

때로 우리는 내담자가 명확하게 이름을 붙이지 못하는 그리스도교 신비에 내담자의 충분히 구체적인 기술(記述)을 단순하게 연결할 수 있다. "당신이 이 특별한 경험을 기술하는 방식이 당신이 새로운 방식으로 시작할 수도 있을 경험이라는 것임을 암시한다. 그것이 당신에게 맞는가? 아니면 이 경험을 어떤 다른 상징이나 신비와 연결할 것인가?"와 같은 언급은 내담자가 그 해석을 개방적이고 시험적인 탐구를 하게 한다.

때로는 우리의 신학적 원천이 우리의 경험에 적절하지 않으며, 우리를 하느님과 진실하지 못하고 미성숙하고 억압적인 관계로 몰아넣는다. 이러한 일들이 내담자에게서도 일어난다. 앎은 해방을 준다. 신선한 신학적 통찰은 우리에게 그리고 내담자들에게 하느님이 하느님일 수 있는 새로운 방식을 풀어낼 수 있다. 지도자로서 우리는 내담자들이 그들의 제한적이고 종종 암묵적인 신학적 가정들을 규명할 수 있도록 도울 필요가 있으며, 그들이 고려할 수 있을 대안적인 가능성을 암시해 준다. 우리는 특별한 이슈를 제기하는 어떤 영적 독서를 제안하는 방식으로 도울 수 있다. 때로는 내담자가 직접 우리에게 신학적 자료를 요청하기도 한다. 어쩌면 우리가 그들이 목소리를 내는 신학적 접근이 많은 세월에 걸친 그들의 하느님 경험과 어울리는지에 대해 물음을 제기하는 방식으로 좀 더 간접적이길 원한다. 때로는 내담자가 자신이 새롭게 이해하는 길을 찾기 위한 싸움에서 그들을 지지해 줄 어떤 공동체를 찾는 데 도움을 줄 수 있다. 우리에게 위안을 주는 그들의 신앙심 가득한 신비의 이해 방

도움이 될 것이다.

식에 단순히 감사를 표현할 수 있다. 언제나 우리는 내담자 자신의 언어에 가깝게 머물러 있도록 노력해야 한다.

지도자로서 우리가 만일 귀 기울인다면, 대화 속에서 신학적 주제를 들으리라 기대할 수 있다고 생각한다. 내담자 자신은 종종 이런 '풀뿌리' 신학화는 아주 암묵적이라 거의 알아차리지 못한다. 단순히 우리가 들은 것을 돌이켜 성찰하는 것은, 특히 그것이 우리에게 실제로 느껴지고 들리는 것이라면, 내담자에게 재차 깊은 확신을 줄 수 있다. 성숙하고 신비로운 발전이 내담자 그리고 그 문제에서 우리 자신을 하느님의 삶으로 더욱더 깊이 이끌어간다. 하느님 신비의 새로운 면모가 우리에게 열린다. 하느님이 우리에게 깃들고, 성령을 선사하며, 우리 안에 그리고 우리를 통해서 세상에 사랑을 드러낸다. 우리가 이러한 분위기 속에서 살 때, 우리는 십자가의 성 요한의 글귀처럼, "하느님께 참여하게 된다." 물론 우리의 삶은 신학 책처럼 전개되지는 않지만, 우리의 생동감 넘치고 유기적인 그리스도인의 삶은 결국 그리스도교의 신비를 인격화한다. 우리가 성숙함에 따라, 이러한 신비는 명확히 우리의 삶이 되어 간다. 왜냐하면 이 신비가 더 이상 사도신경의 글로만 있게 되지 않고 하느님의 살아있는 성령이 우리의 시대에서 우리 자신의 고유한 상황에 동일한 신비를 선물로 주기 때문이다.

성찰 과제

- 당신은 언제 그리고 어떻게 내담자의 대화에서 신학적 내용을 인지하는가?

- 당신도 당신의 내담자도 은총이라 이름 붙이지 못하는 경험이 마음속에 떠오르는가? 그것들을 지금 그런 식으로 이름 붙이는 것이 올바르다고 느껴지는가?

- 이 같은 종류의 경험들을 지적할 수 있는 다른 단어를 당신의 신앙공동체는 갖고 있는가?

- 내담자들이 말하는 대화에서, 당신은 어디에서 내담자의 은총 충만한 용기와 자신감을 경험하는가?

사랑받는 이를 찾아서:
영적 지도에서 사랑의 신비

●●●

아마도 불교는 예외지만, 세상의 모든 종교는 사랑의 신비주의적인 어떤 유형을 품는다. 1장에서 논의 했듯이 우리에게 어떻게 이러한 갈망이 있었는지도 모르는데도, 모든 인간의 깊은 내면과 신성(divine)의 친밀함 속에는 상호적인 갈망이 있다. 그리스도인의 신비의 삶이 성장함에 따라, 우리는 점차 하느님과 우리 자신이 상호 발전한다는 것을 발견하게 된다. 수피의 경구가 이 발견을 적절하게 표현한다. (나는) 30년 동안 하느님을 찾았다. 그러나 내가 조심스럽게 살펴볼 때, 하느님의 실체는 찾는 존재였으며, 나는 그분이 찾는 대상임을 알았다."[1] 이 같은 열정적 욕망과 탐색의 방법을 통해 사

---

1 Kenneth Cragg, *The Wisdom of the Sufis*(New York: New Directions, 1976),

랑의 신비는 우리를 하느님께 이끈다. 수피즘의 두 번째 예화는, 두 연인 이야기, 이 과정에서 그 이상의 통찰을 드러낸다.

> 메눈의 라일라에 대한 사랑은 많은 페르시아 시인에게 영감을 주었다. 어느 날, 메눈은 사막의 모래언덕에서 기도했는데, 그의 한 친구가 와서 그에게 물었다. "당신은 왜 어린애처럼 시간을 이렇게 낭비하는가?" 메눈이 대답했다. "나는 이 사막에서 라일라를 찾고 있소."
> 그의 친구는 놀라서 소리쳤다. "왜? 라일라는 천사다. 그런데 지상에서 그녀를 찾아서 뭐하게?" "나는 내가 그녀를 찾을 수 있는 곳 어디에서든 그녀를 찾는다"고 머리를 수그리면서 메눈은 말했다.[2]

라일라는 소중한 신성의 표상으로, 창조물에서 그녀의 흔적을 샅샅이 찾는, 메눈이 추구하는 것은 하느님께 가는 길로 열정적 사랑을 예시한다. 창조적 표현을 통해, 소중한 신성인 그/그녀의 현존을 느껴지게 하며, 연인은 거기서 하느님을 발견한다. 이런 신성과의 만남은 욕구, 각성, 열정, 일치의 느낌으로 특징지어진다. 우리는 종종 이러한 경험을 신비로운 것으로 범주화하고, 이 장 전체에서는 이러한 하느님과 인간의 만남을 사랑의 신비 경험으로 언급한다.

서로 다른 두 개의 신비적 경로가 있는데, 이 둘은 서로 얽혀 있다. 둘 다 내담자가 적절하게 반응하도록 격려하고 관찰하면서 주

LX, 48.

2 Ibid., CXXXVIII, 86.

의 깊은 판단이 요구된다. 한 경로는 낭만적 사랑으로 감지된다. 하느님은 인간의 욕망을 소중한 것으로 각성시키고, 약혼 전에 교제하고, 연인으로서 사랑한다. 변환, 복종, 정화, 인식, 눈뜨는 단계의 인간의 적응과정은 하느님의 현존 느낌과 하느님의 부재 느낌이 교차하는 경향이 있다. 하느님과 더욱 깊어지는 친근감과 지속하는 열정을 승화시키고 변형시키는 이 첫 번째 경로가 바로 이 장의 핵심이다.

두 번째 경로는 그것이 갖는 느낌 속에 더 은근히 내비친다. 이 느낌은 아주 드물게 보고되는 '사건들'로 발생한다. 그 경험의 성격은 더 모호하게 느껴진다. 우리는 하느님이 부재한 것처럼 느끼지만, 역설적으로 그 안에 현존하시는 하느님을 갈망한다. 이러한 경로는 전형적으로 느낌을 최소화하고 어두움을 강조한다. 기도는 보통 하느님을 향한 조용함, 침묵, 애정 어린 관심으로 이루어져 있다.

이 두 경로 모두, 개별적 내담자들이 이러한 주제에 대해 보이는 변화 중에서, 인성과 신성 사이의 친근함의 역동성은 실존적 자아의 다양한 수준에서 발생한다. 신비적 경험은 우리의 피상적이고, 고도로 조건 지워진 자아 인식, 우리 정신의 다른 층들, 그리고 우리 영혼의 핵심(또는 마음 또는 진정한 자아)에 영향을 줄 수 있다. 예를 들어 1장은 내담자가 조건 지워진 자아의 욕망을 인지하고 그것을 승화시키는 것을 다루었고, 2장은 하느님의 섭리에 저항하고 싶은 정신 속에 무의식적인 역동성에 초점을 맞추었다. 신비적 과정은 정신세계의 깊은 단계에 영향을 미치는데, 몇몇 매우 신비한 꿈들은 자아의 깊은 부분에서 하느님의 현존을 드러낸다. 그러므로 신비적 기도에서 발생하는 언어와 비전들은 영혼의 핵심과 중심에서 더 깊이 들어가는 어떤 것을 가리키고, 동시에 정신세계에 효과를 미치는 것을 보여 준다.

궁극적으로, 이 핵심은 이미 신성과 일치하는 참된 조건에서 경험될 수도 있다. 신비의 과정은 점차 자아의 모든 단계를 조화롭게 한다. 바오로는 "하느님 안에, 우리가 살고, 생활하며, 우리의 존재가 있다."고 썼고, 십자가의 성 요한은 "하느님은 영혼의 중심이다."라고 가르친다. 위 두 성인 모두 우리는 이미 하느님 안에 있음을 인식하였다. 우리가 본성이 아니라 참여를 통해 하느님이 된다는 것은, 자아의 왜곡을 넘어서 신비적 경험 자체로만 이해될 수 있을 뿐이다.[3]

내담자의 사랑의 신비에 대한 영적 지도자의 도전들

영적 지도자는 내담자의 종교적 경험에서 에로틱한 특징들에 대한 설명에 다양한 반응으로 응답한다. 지도자의 반응들은 일반적으로 도움이 되지만, 문제가 되는 반응들도 있다. 이러한 사랑의 신비로 특징지어지는 종교적 경험을 가진 내담자들을 동반하면서 영적 지도자들에게 모두 같은 능력이 주어지지 않는다. 내담자 자신

3　Walter E. Conn, *The Desiring Self: Rooting Pastoral Counseling and Spiritual Direction in Self-Transcendence*(Mahwah, N.J.: Paulist Press, 1998). 자아의 여러 가지 이해의 인식의 묘사는 그들의 관계와 심리적 관점으로부터 인간 존재가 인식, 사랑, 그리고 행동에서 자아-초월로 향한다.

들 역시 이러한 경험들에 대해서 자주 양면성을 보이기 때문에, 그들의 지도자가 보이는 불편함이나 불안은 하느님에 의해서 시작한 친밀함의 시초에 그들의 반응을 금지하거나 주저하게 할 수가 있다. 지도자가 영적 내담자의 경험에서 이러한 소재를 접하면, 이론적 이슈들뿐만 아니라 매우 사적인 이슈들도 건드리는 다음과 같은 여러 가지 도전에 직면하게 된다.

- 내담자가 신비한 사랑의 강렬한 경험을 보고할 때, 특히 에로틱한 특징들이 노출될 경우, 영적 지도자는 종종 불안하고 불편할 수 있다. 그 결과, 그 경험을 탐구하는 데 그들은 종종 실패하고 만다. 이러한 경험에 대한 지도자의 거부감은 내담자를 불안하게 해 하느님이 다가오는 일치(union)에 도달하기 전에 그것을 막거나 차단할 수 있다.
- 만일 영적 지도자가 하느님과의 이 같은 친밀함에 개인적으로 친숙하지 않다거나, 또는 현재 친밀감을 느끼지 못해서 고통스럽다면, 아마도 내담자를 시기하게 될 수도 있다. 이러한 불편한 느낌을 없애기 위해서, 지도자는 내담자의 반응을 무시하고, 내담자의 경험에 대한 더 깊은 탐구를 쉽게 방치할 수도 있다.
- 욕구의 역할에 호의를 갖지 않는 영적 지도자는 내담자가 가진 욕구들 - 기도, 하느님과의 친밀함, 다른 사람에 대한 사랑과 친근함 - 을 깊고 충분히 탐구하는 데 실패함으로써, 내담자 자신이 지닌 깊고 깊은 욕구에 대면하는 것을 도울 기회를 잃어버린다.

- 이냐시오식 영적 지도자는 내담자에게 "그들이 원하는 은총을 위한 기도"가 실제로 얼마만큼이나 많은 도움이 필요한지를 이해시키지 못할 수 있다. 1장에서 광범위하게 논의한 바, 내담자는 자신이 뭘 원하는지 실제로 알지 못하거나 자신이 원한다고 생각하는 은총과 그 은총에 수반되는 결과들을 받아들일 준비가 되어 있지 않다.
- 경험이 많지 않은 영적 지도자는 사랑의 신비가 풍부한 그리스도교 전통에 친숙하지 않거나 이 같은 경험들이 생기지 않는다고 가정한다. 내담자들도 종종 이와 같은 가정을 공유한다. 만일 지도자들이 전통에 친숙하지 않다면, 정말로 놀랄 것이며, 그들의 하느님 경험을 대체하는 에로티시즘으로 잘못 해석할 수 있다.[4]
- 소중한 신성으로서 하느님의 신비와 점진적이고 더 깊어지는 만남은, 사랑하는 사람과 사랑받는 사람이 하나의 몸과 영혼으로 경험될 때까지, 종종 부재나 상실처럼 느껴진다. 사실 그 초대는 주관과 객관의 이중성을 넘어서 움직인다. 하느님이 내담자에게 현존하는 방식의 변화 때문에, 지도자와 내담자 모두는 하느님의 부재를 경험하게 되고 이러한 미묘한 일치를 향한 움직임을 잘못 해석할 수가 있다.

---

4 어떤 독자들은 이러한 유형의 신비주의를 다룬 버나드 맥긴(Bernard McGinn)의 치료가 도움이 될 수 있다. *The Flowering of Mysticism*: *Men and Women in the New Mysticism* — 1200~1550, 3권 *The Presence of God*: *A History of Western Christian Mysticism*(New York: Crossroad, 1998), 4장과 5장. Carol Lee Flinders, *Enduring Grace*: *Living Portraits of Seven Women Mystics*(San Francisco: Harper, 1993) 대중적 치료.

- 지도자는 내담자의 하느님과 인간 사랑의 경험이 자신의 것과 달라서 감정이입을 하지 못할 수 있다. 또는 지도자 자신이 신비적 경험이 부족하므로 내담자의 성장을 충분히 지지해 주지 못할 수도 있다. 내담자의 신비 경험에 감정이입을 할 수 없거나, 상담과 슈퍼비전을 받은 후에도 여전히 격려해 줄 수 없는 상태로 남아 있는 지도자들은 내담자를 다른 영적 지도자에게 보낼 필요가 있다.
- 모든 종류의 낭만적 애착의 기행들은 우리가 추구하는 신성과 인간 사이의 친밀함에서 불분명한 표현들이다. 영적 지도자가 내담자의 성적 표현, 성적 경향, 또는 낭만적 애착을 보고할 때 심판하거나 불편함을 느낀다면, 이 경험의 깊은 곳에 무엇이 있는지를 탐험할 수가 없다. 이 탐험은 신의 사랑에 활력을 얻어서 인간 안에 있는 강력한 에너지의 조화로, 종종 심리적 치료와 함께, 영혼의 추구를 찾아낼 수 있다.
- 영적 지도자들은 내담자의 관계의 역사를 항상 탐구할 필요가 있다. 독신자를 영적 지도할 때는 감정적 친밀함, 우정, 열정, 성적 표현에 대해 특히 주의가 요구된다. 관계 안에서 성적 표현에 능동적으로 대처해 온 사람과의 영적 지도에서도 그 친밀함의 재능과 그것을 신성과 인간의 관계로 발전하는 것을 막는 장애물 모두를 이해하기 위해서 그들의 관계의 역사를 조사해야 한다.

이러한 점들이 내담자가 하느님과의 친밀함에 들어오는 신비한 방식들과 만날 때 영적 지도자들이 대면하는 여러 도전이다. 우리 자신의 영적 생활에서 이런 신비의 경험이나 전통의 지식을 통한 간접적인 개방 없이는, 다른 사람들의 열정적이고 활기찬 영적 여정에 별 도움을 주지 못할 것이다.

그리스도교 전통 안의 사랑의 신비

나는 능력 있는 슈퍼비전, 서구 그리스도교 전통에서 사랑의 신비주의에 대한 지식, 인간 사랑의 모든 형태를 하느님과의 일치라는 근본적 목적에 연관시키는 욕망에 대한 적절한 현상론 없이는, 영적 지도자들이 위에서 열거한 도전들에 적절하게 대처할 수 없다고 생각한다. 인간의 에로스-욕구-는 성 아우구스티누스가 말했듯이, 하느님 품에 안식하기 전까지는 채워지지 않는다. 그리스도교 전통의 사랑의 신비주의는 예수님 자신을 봉헌하는 사랑에 의해서 하느님의 인성이 드러나는 성서적 전통에 뿌리를 둔다. 이는 예수님과의 개인적 관계에서 영감을 받은 것으로, 요한복음과 서간, 아가서는 그 기원이 영혼과 말씀 사이의 상호적 관계의 비유로서 드러난 최초의 해석이다. 아가서에 대해 언급한 수많은 신비주의적 작가 중 몇 사람 가운데는 니사의 그레고리오, 클레르보의 베르나르도, 성 티에리의 윌리엄, 십자가의 요한, 그리고 아빌라의 데레사 등이 있다. 아우구스티누스는 자신의 『고백록(Confessions)』과 『요한복음 설교집(Homilies on John)』에서 욕망을 영적 추구의 핵심으로 만들었다. 욕망은 노르위치의 줄리안의 『신적 사랑의 계시(Revelation of Divine Love)』

뿐만 아니라 시에나의 카타리나의 『대화(*Dialogues*)』의 주요 주제였다.

중세시대에는 '혼인 신비주의'로 알려진 여성주의적 형태의 사랑의 신비주의가 성행했다. 혼인 신비주의에 관련된 문학에서, 여성 신비주의자들이 고도로 에로틱한 언어로 예수님과 함께하는 자신들의 경험을 기술한다. 다른 작품들도 이와 흡사한 경험과 내용을 쓰고 있으며, 하이데위치의 비전과 시, 제르투르다의 유명한 『영신수련(*Spiritual Exercises*)』, 그리고 막데부르그의 메히틸드의 『하느님 머리 위를 날아다니는 빛에서(*Flowing Light of the Godhead*)』 같은 텍스트들은 이런 사랑의 경로를 매우 자세히 묘사한다. 이들은 사랑받음으로부터의 분리, 또는 부재의 고통 그리고 그들의 결합적 신비주의 경험들의 강렬함에 대한 탐구다.

벨기에 베긴회 회원인 하이데위치의 아래의 발췌는 그녀의 성령강림 비전을 통해 사랑 신비주의의 강렬한 특성과 충만한 실현을 조명해 준다.

> 내가 알고 있는 어떤 사람이라고 표현하거나 어떤 언어로도 표현할 수 없는 그리움; 갈망을 갖고 대해야 할 어떤 것이라고 이해할 수 없는 사람, 그리고 사랑의 소유가 되어 보지 못한 이에게는, 내가 그 그리움에 대해 말하는 모든 것이 그저 들어 본 적 없는 말뿐일 것이다. 내가 사랑하는 사람의 충만함에 만족하고, 이 충만함을 음미하고 이해하길 바란다. 틀림없이 그의 신성은 가장 충만한 범위일 때 나의 인성의 결실로 하나가 되고, 나 자신은 그것을 바탕으로 스스로 지지할 수 있으며, 순결함과 통합 그리고 모든 것 안에서 그를 충분히 만족시키는 모든 미덕에 의해서, 그리고 완전함 그 자체인 그

를 내가 만족시킬 때까지 완전성에 참여하면서 충분히 견고해지는 것이다. 그것을 위해 나는 그가 하느님 안에서 하나의 영으로 나를 내적으로 만족시켜 주기를 바랐고, 그는 내가 자신을 위해 주저함 없이 온전히 그의 모든 것이 되어 주기를 바랐다. 내가 갈망했던 모든 선물 가운데서, 나는 커다란 고통 안에서도 만족하리라는 선물을 택했다. 하느님과 함께하는 하느님이 되기 위해 성장하는 바로 그것이 완전한 만족이기 때문이다.

●●●

(성체를 모신 후) 나에게 예수님이 예수님 자신이 되어서, 나는 전적으로 그의 팔에 매달려 그에게 나를 밀착시켰다. 나의 인간미와 사랑의 원의에 따라서, 내 몸의 지체들은 충만한 행복으로 그를 느낀다. 그래서 나는 외적으로도 만족하며 충분히 황홀하게 된다.[5]

하이데위치는 위에서 기술한 바와 같이 열정적 사랑의 여정에 큰 고통이 있다는 것을 암시하면서, 예수님의 인간성과 심지어 성(性)(5장에서 다룰 내용)에 대한 상호만족을 기술한다. 더욱이 하이데위치는 하느님을 사랑(minne, 네덜란드어의 여성형)으로 이름하고, 하

---

5 Hadewijch: *The Complete Works*, trans. Mother Columba Hart, Classics of Western Spirituality (Mahwah, N.J.: Paulist Press, 1980), vision 7, 280~282.

느님에 대한 성 구별의 언급을 혼용하고 자기 뜻대로 사용한다. 다음 구절에서 그녀는 사랑에 대한 갈망을 강화할 것을 권한다.

> 만일 누가 갈망 속에 완전히 정신과 마음도 없이 진심으로 사랑을 위한 싸움을 한다면,
> 그녀는 자신의 갈망 속에서 사랑을 만나게 된다.
> 그것이 우리가 사랑을 쟁취하는 힘이다.[6]

십자가의 성 요한의 신비적인 시도 같은 열정을 담았다.

신부:

1. 나를 떠나 슬퍼하는 내 사랑, 당신은 어디에 숨어 있는가?
   나에게 상처를 입힌 후에 당신은 수사슴처럼 도망쳐서
   나는 당신을 찾아 나섰으나, 당신은 사라졌군요.

3. 나의 사랑을 찾아서 산등성이와 물가로 머리를 향한답니다. 꽃들을 꺾지도 않고,
   들짐승도 두려워하지 않아요. 나는 건장한 남자들이 있어도 최전선의 철책을 넘어갈 겁니다.

8. 당신은 어떻게 참아내시나요. 내 인생이란, 당신이 없는 삶은 삶도 아니기에? 당신이 사랑하는 사람을 마음에 품음으로써 당신은 사랑의 화살을 받아, 당신이란 존재는 죽음에 이르렀는걸요.

---

6   Ibid., "Poems in Stanzas," poem 38, 11. 53~56.

신랑:

13.3 돌아오라, 비둘기,
　　　상처받은 수사슴, 그대 날개가 일으킨 바람으로 서늘해
　　　진 언덕을 지켜보고 있다오.

신부:

14. 나의 사랑, 산들과 고독한 나무숲의 계곡, 낯선 섬들,
　　소리 내는 강들, 사랑에 전율하는 산들바람 소리여.

15. 고요한 밤, 새벽 동이 틀 무렵, 조용한 음악,
　　고독의 수심, 새 생명과 깊고도 깊은 사랑의 만찬이여.

26. 깊은 곳에 있는 포도 저장고에서 나의 사랑을 마시고, 내
　　가 저 멀리 떠났을 때 이 모든 계곡을 통해 나는 더 이상
　　어떤 것도 아는 게 없으며,
　　내가 뒤쫓던 짐승 떼를 놓쳐 버렸답니다.

27. 거기에서 그는 나에게 그의 마음을 주었고, 그곳에서 그
　　는 나에게 따뜻함
　　그리고 삶의 지혜를 가르쳐 주었지요. 그리고 나는 나 자
　　신을 그에게 주었고, 아무것도 돌려 받지 않았고, 그곳에
　　서 나는 그의 신부가 되기로 약속하였지요.

32. 당신이 나를 바라볼 때 당신의 눈은 내 안에 당신의 은총
　　으로 날인했지요. 당신이 나를 열정적으로 사랑하는 이
　　모든 것, 당신 안에 그들이 바라보는 것을 흠모한답니다.

신랑:

22. 그녀의 욕망의 감미로운 정원에 신부가 입장하고,
   그녀는 즐겁게 휴식을 취하고, 사랑하는 사람의 팔에 포근하게
   그녀의 목을 누이네.[7]

여성적, 남성적 형태 모두에 이러한 신비주의의 형태가 널리 퍼져 있음에도, 그리스도교 전통은 양면적이다. 이 전통은 성적 사랑을 의심했으며, 트리엔트공의회 이후에, 특히 이런 형태의 신비적 경험에 대해서 적대적이다. 독신생활을 하는 신비주의자들이 대부분 신비주의적 문헌을 저술하였고, 자신들의 성을 정열에 의한 것이 아니라 사심 없는 사랑으로 승화시킬 것을 가르쳤다. 이는 종종 결혼했거나 독신인 사람들에게 자신들의 체현된 사랑이 신비주의적 사랑으로 이끌지 못한다는 인상을 주었다. 더욱이 아주 극소수에 불과한 매우 선택된 집단만이 사랑의 신비주의와 관련된 신비주의 작품들을 읽는다. 일차적으로 여성들을 이끄는 영적 지도자들 대부분이 남성 독신 사제로 여성적 전통을 이해하지 못하고 진가를 알아볼 수도 없다. 게다가 지난 20년 동안 영어 번역으로 읽을 수 있는 이런 텍스트들이 많지 않았기에 현재의 독자들이 이러한 내용의 표현들 속에 반영된 종교적 문화에 접근하기 어렵다.

강렬하고 시각적이고 감각적인 신비 경험들은 중세에는 극히 일

---

[7] "This Spiritual Canticle" in *John of the Cross: Selected Writings*, Classics of Western Spirituality, trans. Kieran Kavanaugh(Mahwah, N.J.: Paulist Press, 1987) 221~227. 영가에 시의 절을 표시한다.

상적이고 매우 가치 있는 것이었던 반면, (우리의 내담자를 포함해) 현시대의 사람들이 그것을 경험하면, 그들은 종종 깜짝 놀라고, 그것들을 언급하길 피하고, 심지어는 신비적인 것을 미친 것과 혼동할 수도 있다. 그들과 우리는 그 전통에서 수행되는 모순적인 느낌들을 계속해서 감춘다. 예를 들어, 만일 우리의 내담자 중 하나가 기도에서 일어난 일을 최대한 재현함으로써 하이데위치 같은 비전을 드러내거나 「영의 찬가(The Spiritual Canticle)」에서 십자가의 성 요한과 같은 정서를 표현한다면, 지도자인 우리는 어떻게 자연스럽게 반응할까? 정열적인 사랑 신비주의의 이런 언어를 듣는 것이 불편하든 아니든, 그들의 하느님과 친밀감을 심화하도록 촉진하는 반응에는 어떤 것들이 있을까?

현시대의 사랑의 신비

12세기 이후의 신비적 작품 속에서 신비적 사랑과 성적 사랑이 일관되게 나타남에도 과거로부터 신비적 사랑과 성적 사랑에 대한 상반된 감정이 그리스도교 전통 안에 이어져 왔으므로, 갈망의 역할과 신비적 사랑과 인간 사랑과의 관계는 현시대, 특히 영어권 세계에서 신학과 영성의 주요 주제다. 이러한 문제의 다른 국면은 세바스찬 무어와 존 던의 수많은 작품에서 표현된다. 버나드 로너간과 칼 라너 같은 조직신학자들은 우리의 사랑이 우리를 궁극적으로 하느님에게로 이끈다는 것을 보여주면서, 이웃에 대한 사랑과 하느님의 사랑이 일치하는 국면들을 또한 언급한다.

라너는 자주 신앙인의 근본적 경험은 포기가 아니라 – 우리가 결코 가질 수 없는 초월적 사랑의 경험을 열망하면서 자유로운 활동을 할 수 있도록 오로지 자신의 힘에만 내맡겨진 – 초대로 이루어졌다고 강조한다.

바로 그 신비 자체가 우리를 끌어내고, 우리를 사랑과 자비로 움직이게 한다. 이런 신비의 움직임은 유대교와 이슬람에서와 마찬가지로 그리스도교 신앙에서 계시의 핵심적 의미를 갖는다. 이 세 전통 모두 하느님이 인격적이고 하느님이 사랑이라는 점을 견지한다. 그리스도교에서 그 사랑은 전인적이고 인간적인 예수 안에서 접근할 수 있게 되었다.

이러한 세 종교전통의 신비적 부분은, 신앙인들이 이 신성한 사랑과의 친밀함에 흠뻑 빠져 들도록 격려한다. 우리 역시 사랑하게 된다. 하느님은 우리가 이 신성한 인간 사랑으로 향하도록 일깨우고 우리 안에서 신성함을 찾는 첫걸음을 내딛게 한다. 우리가 이런 경험을 얼마나 혼란스럽게 해석하든, 그 길에서 우리가 얼마나 많은 실수를 하든, 얼마나 자주 이 신성함에 대한 갈망이 다른 사랑이나 다른 욕망의 대상으로 대체되든 간에, 하느님은 우리의 사랑을 부추기고 계속 끌어낸다. 세바스찬 무어가 말하듯이 "모든 욕망은 우리가 살아가는 신비에 의한 권유다."[8]

신비적 과정 그 자체는 조명으로 향하는 경로로 신성으로 향하도록 지도하고, 신비를 정확히 해석하고, 갈망이 무엇인지 인지하도록 한다.

---

8   Sebastian Moore, *Jesus, Liberator of Desire*(New York: Crossroad, 1989), 11.

우리의 모든 사랑은 이런 신성한 사랑으로 망라될 수 있고, 모든 인간의 사랑은 신과 인간 사이의 친밀함에 대한 능력에 기여한다. 클레르보의 베르나르도에 따르면, 우리의 인간적 사랑은 모두 신성한 사랑과 관련해 질서 지워진다. 우리가 사랑에 빠질 때마다, 우리의 사랑을 받는 사람은 당분간 우리에게 하느님이다. 만일 우리의 사랑이 신성한 사랑이 아니라면, 우리는 결국 우리에게 하느님일 수 없다는 이유로 그들을 용서하도록 요청받게 될 것이다. 관계의 심취적 단계에서 전형적으로 사랑하는 이를 우상화하고 추앙하게 되는데, 비록 우리가 사랑하는 이를 하느님인 양 투사함으로써 의도적으로 그들에게 부담을 주려고 하는 것이 아닐지라도, 욕구의 본능이 우리를 그렇게 하도록 만든다. 우리가 이 단계에서 더 성장하면, 이러한 투사는 사라지게 된다. 하느님인 양 투사하다가 다시 방향을 돌리면 우리가 환영에서 벗어나고 우리의 연인들이 그들이 견딜 수 없는 짐에서 벗어나도록 돕는다.[9]

종종 현대인들의 기도 경험이 이런 사랑의 경로에서 신비적이거나 관상적인 단계로 심화할 때 양가(兩價)적 혼돈에 빠지게 된다. 이전의 신비주의 전통으로부터 안내를 받지 못하고 그런 경험을 기대하지 않기 때문에, 현대인들은 이런 경험들을 끌어안기는 하지만, 그만큼 저항하기도 한다.

제2차 바티칸공의회는 신비적 경험이 기도생활의 예외적 발전인지 아니면 정상적인 것인지에 대한 긴 논란으로 끝났다. 이 공의회

---

9   Etty Hillesum's journal, *An Interrupted Life*. 그녀의 영적 성장에 명료한 예화가 이 과정을 제시한다.

는 후자를 선택했다. 평신도 사이에서 더욱 성숙한 영적 발전을 권장하지만, 많은 지도자와 내담자는 다양한 경험과 가르침이 신비주의 문헌의 아주 큰 몸체 안에 부분적으로 묻혀 있기 때문에, 그리고 신학계에서 진행되었지만 더욱 전문적인 대화에 익숙하지 못하다. 경험들, 가르침, 그리고 대화는 더 폭넓은 지도자와 내담자로 이루어진 청중들이 이용할 수 있도록 확장될 필요가 있다.

신비적 과정

하느님과의 관계에서 우리를 기도의 신비적 단계로 이끄는 갈망에 대한 이해는, 신학적 요소와 심리적 요소 모두를 망라한다. 자율을 강조하는 서양 문화는 우리가 고립감을 느끼게 하고, 유대를 갈망하게 한다. 그래서 어른으로서 사랑하는 사람이 되기 위한 우리의 첫걸음은 자아분열을 극복하고, 친밀한 관계에 참여하는 능력을 발전시키고, 우리 자신을 상실하지 않고 어떻게 서로 잘 지낼 것인가를 요구한다.[10] 이 심리적 과정은 우리의 정감적 기도에서 첫 번째 발전단계를 표시한다. 영적 성장의 두 번째 단계는 전적으로 새로운 감각의 '나'를 발견함을 포함한다. 이것은 관계적 자아(ego)라기보다는 나의 "나"다. 이는 우주를 움직이는 사랑에 대한 갈망과 의지를 의미한다. 사랑 안에서 일치의 하나 됨은 나의 자아 감각을 느슨하게 하여 하느님과 인성 간의 친밀감에서 더 이상 우리의 사랑받

---

10 David Schnarch, *Passionate Marriage: Keeping Love and Intimacy Alive in Committed Relationships*(New York: Owl Books, 1997), pp. 53~74. 가까운 관계에서 심리적 설명의 차이는 다른 것과 융해나 또는 과장된 분리를 피한다.

는 이를 타자로서 대면하는 것이 아니라 사랑받는 이와 하나가 되는 것이다. 바로 이것이 하느님과 상호성으로 이끈다.

상상적인 관상 속에서 예수님을 대면하는 대신, 우리는 하느님과 함께하고 그리스도 안에서 사랑하고 그리스도의 비전으로 인지하기 시작한다. 이를 위해서는 예수님을 타자로 관상하는 것에서 벗어나, 예수님의 관점에서 삶을 관상하는 것으로 옮겨갈 필요가 있다.[11] 하느님과 상호관계를 나누면서 심리학적·육체적·감정적 장애를 극복한 후에, 우리는 진정한 자신을 발견한다. 적어도 관상기도 중에, 우리 자신의 작은 자아를 대신해서 우리 스스로 하느님 실재의 중심에 놓여 있음을 발견한다. 이런 이유로, 사랑하는, 그리고 사랑받는 이에 관한 모든 신비적 사랑이 시들어짐에도, 우리는 결국 우리 사랑의 원천, 우리의 매력적 원인, 그리고 우리와 삼라만상을 망라하는 신비로서 사랑하는 이를 직접 경험한다. 그리고 이 경험은 결국 기도의 시간을 넘어서 돌봄과 창조적인 구체적 활동으로 확장하는 변모다.

우리가 3장에서 만났던 윌리엄은, 사랑 신비주의의 변신 과정을 예시한다. 다음의 설명에서, 그리스도가 그 안에서 살고, 그에게 작용하는 방식과 그에게 유일한 사랑이라는 자각을 보여 준다.

바오로가 일기를 쓴다. '날씨가 춥지? 그리스도는 나와 같이

---

[11] Beatrice Bruteau, *Radical Optimism*(New York: Crossroad, 1993) and *The Easter Mysteries*(New York: Crossroad, 1995). 설명과 명상적 과정은 이 발전을 증진시킨다.

있어. 더운가? 나는 그리스도와 같이 있어. 내가 아픈가? 나는 그리스도와 함께 있어. 내가 건강한가? 누군가 울고 있으면, 그들과 함께 우는 걸 당신은 알고 있잖아.' 누군가 행복하다면 그들과 함께 웃을 거라는 걸 당신은 알고 있잖아. 바오로가 정말로 말하려는 것은……. 만일 당신이 진실로 하느님과 연결되어 있다면…… 눈이 내리고……, 비가 내리고……, 해가 빛나고……, 그것이 무엇일지라도, 나는 항상 중심에 서 있다는 거야. 어떤 일이 있어도 나는 사랑하는 사람과 항상 연결되어 있어.

나는 늘 초대받았다고 느낀다. 그러면 나는 말한다. 나의 하느님, 왜 저입니까? 어쨌든, …… 그것은 사랑에 관한 것이다. 만일 사랑이 아니라면, 당신이 알고 있듯이 그것은 아무것도 아니다. 예수님은 사랑이다. 하느님은 사랑이다. 성 요한이 거듭거듭 그것에 관해서 썼다. …… 때로 나는 더욱더 사랑을 전파하는 일에 아무것도 할 수 없는 존재임을 알기에 교회에 대해서 화가 난다. 나는 우리가 순수한 사랑을 제대로 전파할 수 없기 때문에 여하튼 하느님은 거스름돈을 덜 받은 셈이다. 하느님의 사랑은 너무도 자유롭게 만드는 사랑이다. 왜냐하면 진정한 사랑은 성장을 원하고 성장을 허용하기 때문이다. 진정한 사랑은 사슬로 묶지 않는다. 진정한 사랑은 지나가지 않는다. 악하고, 사탄적인 사랑은 당신을 소유하려 하고 결국 멸망시킨다. 신성한 사랑은 당신을 살리고 신성한 사람을 대면하도록 당신을 성장시키길 원한다. 그래서 신성한 사랑은 …… 하느님의 키스가 존재한다. (울면서) 예수님은 나에게 매우 진실하다. 나는 그의 발에 입을 맞추고 나는 막달레나가 된다. 나의 머리를 그의 가슴에 안긴 요한이 된다. 나는 예수를 세

번이나 부정한 베드로가 된다. 나는 바오로처럼 살고, 당신이 알듯이 나는 우물가의 여인이 된다. 개가 먹는 부스러기라도 달라고, 식탁에서 대화하는 한 여인이 되었다. 그러나 예수는 나에게는 매우 사실이다. 이는 직접적인 경험이다. 그의 발에 내가 입을 맞추고 그와 함께 거기에 있다. 그 무엇인가를 찾으려는 전통적인 명상으로부터 탈피한다. 내가 명상할 때 내가 원하는 전부는…… 나의 만트라를 통해서…… 내가 그분을 사랑한다고 말씀드리는 것이다. 나는 교리서의 내용을 읊는데 "나의 모든 마음을 다해서, 나의 모든 영혼, 나의 모든 정신과 나의 모든 의지를 다 해 하느님을 사랑한다." 나는 거기에 그저 나 자신을 놓고서 베드로의 말을 따른다. "아주 좋은 것은 사랑의 영적 희생이다."

사랑의 영적 희생이란 무엇인가? 당신의 의지를 넘겨주고 그가 하도록 맡겨두는 것이다. 당신은 나의 하느님이다. 당신은 나의 창조주다. 이렇게 말하는 것이 중요하다. 당신은 나의 창조주이며, 나의 피조물이 되어 괴롭힘을 당하지 않는다. 나는 그것을 한껏 즐긴다…… 나는 창조되었기 때문이며 그리고 나는 창조되었다, 나는 나의 창조주에게 가길 원하면서 말한다. "모든 완전한 사랑, 당신은 나를 사랑의 창조물로 만든다. 사랑으로 인해, 당신은 나를 구원하였고 영원한 생명으로 나를 초대한다." (울면서) 나는 더 이상 부탁할 수도 없다. 이것이다! 거기에는 다른 어떤 것이 있는가? 거기에는 다른 아무것도 없다. 창조되었고 신성한 관계에로 부름을 받아서, 하느님과 나는 하나이며, 당신이 나와 하나 되므로 우리가 하나 되기를 원한다. 오! 하느님과 하나 됨! 주님 나는 보잘것없습니다. 하루를 시작할 때, 나는 너무도 사랑받은 느낌으로 하루를 시작하고…… 때때로…… 일상에서 반복적으로 하는 것에서 하느님을 찬양하며…… 나의 내 신체의 미세한 부분들이 마치도 저 바깥 은하계처럼이나 어마어마한 존재라고 말할 정도다. 나는 신체의 모든 미세한 부분이 하느님 찬양에 알렐루야로 노래하길 원한다. 그래서 나는 사랑에 충만하여 찬양으로 넘친다. 그래서 내가 차를 탈 때…… 나는 항상 하느님과 함께 있다. 내가 운전할 때, 내가 수업을 할 때, 하느님의 현존을 느끼는데, 당신도 알고 있듯이, 내가 좋아하는 또는 싫어하는 일이 일어날지라도, 신성한 기쁨의 풍선을 타고 있다. 내 학생이 그것을 좋아하고, 당신이 알고, 당신은 그것을 숨길 수 없다. 이것은 다른 교수님들에 의해서 확인한 것이다. 다른 말로, 그 사람이 항상 행복하고 나도 행복하게 살고 있다. 사랑하기에 행복하다. 나는 사랑받기에 행복하다. 나는 사랑을 나누기에 행복하다. 예수님은…… 인간이 된 하느님이신데, 이렇게 말씀하신다. 여기에서 내 몸을 먹고 내 피를 마셔라. 어떻게 너희가 미사성제를 떠나서 살 수가 있는가? 미사는 정말로 아름답다. 미사는 사랑의 행위다. 모든 것은 사랑이다.[12]

---

12 허락받음.

사랑 신비주의에서 갈망(desire)의 역할

세바스찬 무어에 따르면, 자아의 변환은 일종의 욕구 법칙으로 생겨나고, 마치 강처럼 신비를 통한 사랑의 원천의 물길을 이끄는 경험을 통하여 생긴다.

1. 갈망으로 창조되었기에, 나는 갈망할 수 있다.
2. 갈망할 수 있기에, 나는 갈망한다. 내 안의 즐거움은 그 자체를 타인에게로 확장하길 원한다. 다시 말하면, 욕구는 빈 곳에서 오는 것이 아닌 충만함에서 온다.
3. 내가 갈망하는 것은 갈망 가능성으로부터 온 것이기에 내 안의 갈망을 일으키는 타인은 나의 갈망 가능성을 건드리는 것이다. 욕구의 원인은 욕구의 가능성에서 일어난다.
4. 그 타인이 나를 갈망하게 하는 것은, 그렇게 타인이 일으킨 나의 욕구 가능성이다.
5. 그러므로 인간관계의 생생한 중심은 각성, 즉 한 인격의 감각이 갈망에 깨어남인데, (일반적으로 가정하듯이) 갈망은 타인으로부터 비롯되는 것이 아니라, 타인이 갈망하게 함으로써 일어난다.[13]

나는 이 도식의 세 가지 측면을 강조하고 싶다. 첫 번째로, 정말로 하느님의 사랑은 우리 갈망의 근원이다. 하지만 우리는 그것을

---

[13] Sebastian Moore, *Let This Mind Be in You*(Minneapolis: Winston Press, 1985), 44.

일차적으로 느끼지는 않는다. 우리는 그것을 우리 사랑에 보답할 수도 있고 안 할 수 있는 타자에 대한 욕구로 느낀다. 우리는 결국 신비적 경험 안에서, 하느님은 내면에서 전적으로 그리고 놀랍게 우리에게 다가오는 사랑이시라는 것을 인지적으로 그리고 감정적으로 이해한다. 보통 우리의 욕망은 바깥으로부터 우리의 열망을 자극하는 사람에 의해서 일깨워진다. 어쨌든 하느님의 사랑과 갈망은 우리가 갖고 싶어 하는 것, 우리가 행동하는 것 그리고 하고자 원하는 모든 것에 활기를 불어넣어주는 가치에 대한 감각을 일으킨다.

두 번째로, 우리는 보통 우리를 사랑하는 소중한 인간이나 넘치는 우리 갈망으로부터 추구하는 그 누군가를 통해서 간접적으로 우리가 항상 갖고 싶은 경험을 하므로, 이 과정의 첫 번째 단계를 알아차리지 못하는 채로 남아 있다. 하지만 신비적 경험은 그 첫 단계를 직접 경험하게 한다. 우리가 영신수련에서 행하는 모든 것은 – 신앙의 신비를 통해서든 예수님의 실재에 대한 성경 관상을 통해서든, 혹은 향심기도를 통해서든 – 하느님이 우리를 갈망하신다는 체험으로 이끌어 준다. 하느님의 사랑은 우리를 움직이고 우리를 향해 움직이면서, 우리가 그 사랑에 호응할 수 있게 해 주신다. 하이데위치는 이런 상호 욕망과 반응 과정을 그녀의 사랑받는 이를 '만족시키기'로 묘사한다.[14]

내가 조명하고 싶은 세 번째 개념은 하느님에 대한 영적 욕망과 다른 모든 갈망이 어떻게 다른가? 무어(Moore)는 다음과 같이 말한다.

---

14 *Hadewijch*, letter 16, nos. 9, 14.

······ 단순히 절실한 욕구에 불과한 갈망은 한번 그 욕구를 만족하면 사라지는데, 생동적 갈망은 만족감과 함께 증가한다. C. S. 루이스는 자신이 감미로운 갈망이라고 부르는 것에 대해, 갈망이 한 번 사라지고 난 후 인간이 그리워하는 한 가지는, 그것을 다시 얻고, 그것으로 다시 한 번 아파하는 것이라고 정의한다. 우리가 일단 진실한 관계로서 갈망을 이해할 때만, 충만한 갈망의 증가는 명료해진다. 그 사람은 항상 더더욱 진실하게 되고, 더욱 끈끈하게 연결되는데, 이는 그가 더욱 갈구하는 것을 의미한다.[15]

지도자에게는 1장에서 탐구했던 심리적 과정과 마찬가지로 신비적 전통과도 일치하는, 욕망의 세계를 다룰 수 있는 이론이 필요하다. 이론적 배경이 없다면, 그들 내담자의 사랑 신비주의에 지도자가 불편해하기 때문에 이러한 도전에 매우 어려운 시간을 겪을 것이다. 이 장에서 인용된 몇 가지 텍스트 외에 더 연구하는 것이 지도자와 내담자가 사랑 신비주의의 경험을 다루는 데 도움을 줄 것이다.

---

15 Moore, *Jesus, Liberator of Desire*, 11. Moore의 생각의 개요는 정의롭다 할 수 없다; 지도자들은 *Jesus, Liberator of Desire*와 *Let This Mind Be in You*(참고 n.13) 둘 다 읽고 싶은 욕심으로 그의 분석을 이해하길 바란다.

사랑의 신비주의의
도전에 대처하는 방식들

하느님의 신성과 내담자의 인성 사이에서 친밀감이 어떻게 일어나는지에 대해서, 사랑의 신비주의의 중심적인 측면을 토의한 후에, 나는 몇 가지 구체적 제안을 제공한다. 이것들은 이 장의 첫 부분에서 언급한 지도자에 대한 전형적 도전에 상응하는 것이다.

- 사랑받는 이를 찾는 신비의 영역에 대한 경험이 별로 없는 지도자는 그들의 개인적 경험의 한계를 인정할 필요가 있다. 능력 있는 슈퍼바이저와 조언자가 많고, 많은 역사에 그리고 동시대 사람들에게 신성한 사랑과 관련된 경험이 있음을 재차 확신할 수 있다. 그들은 그들 자신의 배경에 대한 고전적 신비주의 문헌이나 동시대의 신비주의에 대한 글 몇 가지를 읽을 수 있고 이 같은 문헌을 내담자에게 소개할 수 있다.
- 지도자들은 스스로 최근 그들 자신의 생활에서 하느님과의 관계가 어떠한지에 성찰할 필요가 있다. 하느님과의 더 큰 친밀감을 열망하는 영적인 삶의 영역에서 자신이 동떨어져 있는 지도자들은, 영적 지도자들과 함께 이 이슈를 둘러싼 영적 실천에 대해 토의하면서 자신의 느낌과 욕망을 탐구할 필요가 있다. 이같이 내담자의 경험에 대해 지도자들이 느끼는 불편함으로 인해, 내담자가 현재 영적 지도에서 말하는 것보다 상상조차 할 수 없을 정도로 아주 깊은 하느님과의 친밀함을 경험할 수도 있다는 것을 지도자가 알아차릴 필요가 있다.

내담자들의 이러한 가능성을 지도자가 회피함으로써 그들의 성장을 가로막을 수 있다.

내담자가 경험을 표현할 때 시선을 돌려 버리거나, 대화의 주제를 바꾸거나, 내담자의 하느님과의 더 깊은 친밀감을 풍부하게 할 수 있는데도 아무런 반응도 하지 않은 채 단순히 듣기만 하는 것은 전형적인 불안한 반응들이다. 심지어 지도자들은 "다시 이런 일이 일어나지 않기"를 충고함으로써 내담자를 주눅 들게 한다.

지도자 측에 좀 더 도움이 되는 반응으로 그 이상 만남의 깊이를 탐구하기 위한 질문을 던지는 것이 포함될 수도 있다. 이러한 것들은 내담자의 강렬한 감각, 하느님과 더 가까워짐에 따른 편안함이나 불편함, 하나가 되는 경험에 대한 반응에서 그들의 느낌, 그리고 그 만남이 마무리되는 방식에 대한 지각을 끌어낼 수도 있다. 예를 들면, 내담자가 시각적 관상 속의 시선을 통해 전달된 자신과 예수님 사이의 사랑의 강렬한 교환을 보고할 때, 지도자는 내담자가 강렬하다고 여기는 것이 무엇인지 탐구할 수 있다. 같은 상황에서, 지도자는 둘이 서로 얼마나 가깝고 거리가 얼마나 먼지에 대해서 묻거나, 내담자가 예수님에게 더 가까이 간다면 편안해지는지를 물을 수 있다. "나는 나의 존재 안에 사랑이 밀려들어 옴을 느낀다."와 같은 감각적 묘사는 하느님과의 이미지를 대신하여 만남의 매체를 제공하는 경험인데 여기서, 지도자는 특히 이런 사랑을 받는 것이 무엇처럼 느껴지는지에 대해 더욱 조심스럽게 질문할 수 있다.

이 두 경험의 형태에서, 지도자들은 그 경험이 어떻게 끝나는지를 효과적으로 탐구할 수 있다. 그들은 빈번히 내담자가 신비적 경험이 자연스럽게 종결되기 직전에 그 경험에서 벗어난다는 것을 발견할 것이다. 이는 공통적이고 미묘한 저항의 형태다. 지도자들은 그에게서 벗어나기 전에 5분 더 길게 하느님의 경험에 머물러 있을 뿐일지라도 하느님과 인간이 더욱 친밀해질 수 있다는 것을 이해할 필요가 있다.

- 내담자에게 질투나 시기심을 느끼는 영적 지도자들은 자신의 영적 지도나 슈퍼비전에서 이러한 느낌을 인정하고 탐구할 필요가 있다. 지도자는 질시의 느낌을 자신의 기도 안에 가져와서 하느님과의 친밀함에 대한 자신의 좌절된 욕망을 표현할 필요가 있음을 암시한다. 종종 이런 느낌을 환기하는 내담자는 지도자에게는 은총이다. 부러움은 지도자에 대한 잠재적인 영적 초대로 기여한다. 또한 그런 지도자는 더 상세하게 내담자의 경험을 탐구하기에 충분한 호기심을 가질 필요가 있다. 이를 위해서는, 그 또는 그녀가 더 의식적으로 하느님의 현존을 의식할 필요가 있다.
- 내담자가 하느님과의 더 큰 친밀감이나 기도하려는 갈망을 표현하면서 동시에, 기도하지도 않고 종교적 체험을 보고하지도 않을 때, 그들에게 좌절감을 느낀 지도자들은 그들 안에 무슨 갈망이 있건 간에 그것에 머물러 있을 필요가 있다. 어떠한 갈망에 대한 조심스러운 탐구는, 만일 제대로 이해해서 내담자의 깊은 갈망을 끌어낼 수 있다면, 대체 무엇이 대면을 가로막는지가 드러나게 된다. 십자가의 성 요한에 의하면, 상황에 대한 고려와 하느님에 대한 열망에 짝을 이루는 사건들

이 없는 기도는 인위적인(주입식) 관상의 시작을 나타내는 여러 가지 표징 중 하나다. 내담자들이 기도를 회피하는 어떤 형태의 죄스러움이나 혹은 1장에서 자신의 제한된 갈망을 극복할 때 축복과 감사의 감각을 발견한 여성처럼 더 혼란스럽지만, 미묘하고 깊고 명료한 하느님에 대한 열망을 드러내는 것일 수도 있다.

- 내담자에게서 나타나는 갈망에 대한 혼란과 미묘함에 대한 이해는 내담자가 어떤 은총을 위해 기도하는지 잘 안다고 너무 쉽게 가정하는 지도자에게 도움을 줄 수 있다. 지도자는 내담자의 갈망에 단서가 되는 전체 대화를 검토할 텐데, 이는 완전히 의식되지 않을 수도 있다. 내담자에게 던지는 다음과 같은 질문이 중요하다. "당신이 원하는 것이 무엇인가?" 뿐만 아니라 "하느님은 당신에게 무엇을 원하는가?" 내담자에 대한 하느님의 원의를 묻는 것은 내담자가 (다음 장에서 탐구할) 상호성의 결과로 하느님과 하나되는 경험에 접근하는지를 드러낼 수도 있다. 이 같은 일치하는 경험은, 상호성, 쌍방 간의 보살핌과 기꺼움, 하느님에게 받을 뿐만 아니라 주는, 동등한 감정을 갖는 하느님과 인간의 동반관계로 이끈다. 지도자는 내담자가 무엇을 원하는지뿐만 아니라 바라던 것을 받음으로써 생겨나는 결과인 밀착관계나 그에 따른 영향을 기꺼이 끌어안을 것인지 아닌지를 탐색할 필요가 있다.

- 지도자와 내담자는 사랑의 신비주의가 과거로부터의 유물일 뿐 동시대인들에게 우연히 생겨나는 것이 아니라는 가정에 은밀히 결탁할 수도 있다. 윌리엄 같은 남성 내담자는 성(gender)

에 따른 기대를 제대로 이해하지 못할 수도 있다. 지도자와 내담자 모두 신성과 인성 사이의 친밀함 속에서 열정적 사랑을 드러내는 일에 두려움을 갖거나 놀랄 수 있다. 지도자는 전통을 벗어나지 않는 범위 내에서 자신을 교육할 필요가 있으며 이러한 경험들에 대한 자신의 저항을 잘 다루어야 한다. 이렇게 함으로써, 지도자들은 그 경험이 갖는 형태가 어떠한 것이든 간에 내담자가 하느님과의 친밀감을 심화하는 과정을 풍부하게 할 수 있다. 때로는 열정적인 사랑의 언어에 저항하며, 때때로 지도자들이 친숙하지 않은 것에 단순히 두려움을 느끼거나 어떠한 종류의 열정과 친밀감에도 어려움을 갖는다. 같은 저항이 내담자에게도 있을 수 있다. 종종 그들은 이런 경험을 피하지 않고 극복하기 위해 스스로 확신을 되찾을 필요가 있다.

- 내담자가 하느님과 함께하는 경험을 할 때, 지도자는 그 체험들을 입증할 필요가 있다. 하느님은 종종 동시적으로 때론 번갈아 가면서 역설적으로 현존하고 부재한 듯이 보인다. 이렇게 부재한 것처럼 보이는 것은 사랑의 신비주의에서 자주 있는 경험이다. 신학자 다이엔의 묘사는 사랑에 대한 신비주의의 이런 특징을 완벽하게 조명해 준다.

지난 1년 반 동안 대부분 나는 하느님의 부재를 의식하며 살아왔다. 나는 공허, 갈망, 어두움 속에서 살아왔다. 우리가 함께하는 시간도 있었는데, 그건 마치 흑백의 배경에 색깔이 약간 들어간 것과 같았다. 내가 가장 많이 느낀 것은 공허감이

었다. 무거운 짐을 잔뜩 올려 놓은 것 같은 환경이라 할지라도, 우리가 함께할 때는, 그것이 작은 것이 될 것이다. 음악은 항상 매우 중요하다. 노래의 가사로부터 이미지를 떠올릴 수 있다.…… 감정과 음악은 갑자기 황홀케 함으로써 이미지와 성서의 구절을 떠오르게 한다. 나는 한 가지 이미지를 6개월 동안 갖고 있었다. 그것은 은신처로서의 하느님이었다. 그 구절은 "하느님은 내 삶의 모든 날 그의 보금자리에서 나를 숨겨 주시리라"였다. 시편에 나오는 임시 거처와 포위된 이미지는 나에게 잔혹하게 들린다. 나 자신의 내면에 무슨 일이 일어났는지 말로 표현하기는 정말 어렵다. 이것은 강하고 안전하고 굳건히 선, 그리고 방패 같은 하느님에 대한 경험은 아니다. 그것은 오히려 거기에 손을 내미는 것이었다. 이것은 하느님의 경험이라고 단정할 수 없다. 그것은 그냥 놓아두는 것이었다. 나는 무엇이든 이런 것이기를 희망한다. 이것은 다가가는 것이었다. 다소 나를 편하게 한다. 얼마간은 내 안에 있는 긴장을 이완시켜 준다. 그러나 정말로 가슴 깊이 눈물이 날 정도로 깊은 갈망도 있다. 거기에는 형태가 있는 보금자리의 이미지가 있지만, 그곳은 비어 있다. 내 영혼이 머무를 곳이 없기에, 나는 하느님과 함께하는 장소를 원한다. 이것은 인간 경험으로 다가설 수 없는 아무것도 없는 곳, 견딜 수 없는 나락으로 떨어지는 것이다. 나는 차라리 지옥처럼 그곳에 무언가 존재하기를 바란다. 전환이 일어날 때, 하느님이 나에게 가까이 오는 경험을 한다. 그때 기도에 편안함과 수용과 확인이 있다. 이것은 하나의 이미지로 나에게 다가온다. 마치 나의 영혼이 절벽 끝에 달린 것과 같다. 손을 펼쳐서, 닿도록 노력하는 것 같다. 나의 모든 희망은 어떤 것을 만지려 하는 것이다. …… 그것이 다가오든 다가오지 않든. 그러면 무언가가 나에게 다가오며 대답한다. 나는 그것을 오랜 시간 음악을 듣는 것과도 같은 것이었다고 말하겠다. 그것은 나에게 말하는 구체적이면서도 작은 무엇이다. 단순하고, 작으며, 사소하지만, 사랑스러운 것이다. 이것은 길거리의 거지가 굶주려서 외치는 것을 보는 그런 것이 아니다. 이것은 훨씬 더 근본적인 것이다. 마치 오리가 연못에 있는 것과 같은 것이다. 인간이 겪는 고통이거나 집 없는 사람의 고민거리는 아니다. 그것은 바로 스스로 존재하는 그 무엇이다. 그리고 그 무엇은 당신을 실재의 핵심으로 데려간다. 그것이 아주 작은 현시로부터 오는 것임을 나는 진실로 알아챘다. 어떤 수피의 말을 인용하면, "당신이 하느님을 간절히 원할 때, 시간의 경과에 조금도 개의치 않고 당신은 하느님을 찾을 수 있다." 잘 충전된 접촉은 항상 너무도 순간적이다. 1초, 2초, 10초다. 접촉의 순간으로부터 하루, 이틀, 1주일이 지나면서 무슨 일이 일어나는가. 이것은 매우 단단한 싹의 경험이다. 이것은 피지 않은 꽃잎이다. 이것은 꽃봉오리 안에 있을 때보다 피었을 때 더욱 크다.[16]

이것은 부재의 경험인가 혹은 더 명확하게 하느님이나 예수님 안에 존재하는 새로운 방식인가? 예수님이 그 사람 안에 살면서 변화시키기 때문에 내담자는 더 이상 예수님을 '바라볼' 수 없는 것이 아닌가? 지도자는 '보는 것'이라기보다는 '느끼는 것'이라고 표현함으로써 하느님이 그들 안에서 그들을 통해 작용하는 방식을 내담자가 더 쉽게 알아차릴 수 있게 도울 수 있다. 결국 지도자는 내담자가 아주 단순한 기도를 통해서, 하느님 앞에 현존할 수 있게 격려할 수

---

16 38세의 여성으로부터 허락을 받음.

있다.

두 개의 신비적인 길은 – 하나는 사건, 이미지, 욕망으로 가득하고, 다른 길은 사건이 덜하고 보통은 위에서 논한 이미지나 강렬한 느낌이 없는 바 – 아주 다른 반응들을 요구한다. 첫 번째 길은, 낭만적 사랑과 비슷하고 종종 현존과 부재가 교대로 나타나는 특징을 갖는데, 항상 사건들로 가득 차 있다. 내담자들은 그것 전부를 취하되 그중 어느 것에도 심각하게 받아들이지 않도록 조언을 받으며 승복과 상호성을 심화하도록 안내받을 필요가 있다. 결국 이러한 길은 이전부터 하느님의 사랑을 받은 자아(self)로, 피상적인 자아(ego)보다는 더욱 깊은 자아(self) 체험으로 이끈다.[17] 이러한 경험의 진정성은 경험들 그 자체가 아닌 그들의 총체적으로 일어나는 삶의 변화에 있다. 지도자는 (3장에서 목록화한) 해방하는 은총의 표징들에 대해 귀를 열고 듣는다. 내담자의 대화에 포함된 그들의 삶, 행동, 성향의 묘사는 신성 – 인간 친근감의 결실을 드러낼 것이다. 전형적으로, 이러한 것들이 성령의 선물이며 결실이다.

또한 지도자가 고통스러운 열정적 갈망을 폄하하거나 사소한 것으로 치부하지 않는 것이 중요하다. 13세기 벨기에 사람 하이데위치의 가르침에 대한 최근의 주석은 열정적 갈망의 목소리가 사랑을 얻는다는 것을 드러낸다.[18] 지도자의 역할은 하느님과의 친밀함

---

17 이 주제는 Henri Nouwen's의 후기 저서에 매우 중요한 것이 되었다. *Life of the Beloved: Spiritual Living in a Secular World*(New York: Crossroad, 1996).

18 John Giles Milhaven, *Hadewijch and Her Sisters*(Albany: State University of New York Press, 1993).

에 직접적으로 접근하도록 돕고 열망의 목소리를 내는 것을 부추기는 것이다. 하느님은 빈틈없이 인간을 정말로 사랑하신다. 지도자의 역할은 내담자를 부추겨서 어떻게 하느님을 사랑할 수 있는지 혹은 할 수 없는지를 결정하는 것이 아니라 오히려 내담자의 경험에 동반하는 것이다.

두 번째의 사건의 결핍에도 불구하고 역설적인 현존/부재의 경로는, 지도자는 내담자가 관상기도로 하느님을 향한 지향성에 충실하도록 격려해야 한다. 내담자의 행위와 감정 속에서 관상기도의 '결실'을 알아차리기 위해, 지도자는 전체적인 구조 속에서 삶의 사건들을 탐구함으로써 그리고 감정, 자각, 의식에서의 미묘한 변화들에 대한 기도 경험을 섬세하게 탐문함으로써 내담자를 지지할 수 있다. 지도자는 내담자의 모든 부정적 감정들, 즉 좌절, 참지 못함, 일방적 욕구, 시샘, 또는 무료함을 찾아내야 한다. 이런 감정들이 그들의 의식에 남아 있게 되면 내담자는 하느님에게서 멀어진다. 지속적인 기도가 가장 중요한 이때, 이런 감정 상태를 감추는 내담자는 결과적으로 기도를 포기할 수도 있다.

- 내담자의 에로틱하고 낭만적인 애착에 대한 지도자의 불안은 내담자의 자기 이해와 신성과 인성의 친밀감에 대한 반응을 박탈할 수 있다. 탐닉이나 무질서, 또는 "광신적 사랑"과 같은 상황들은 종종 신과 인간 사이에서 친근감이 부족해 발생한다. 지도자는 내담자의 '관계'에 관련된 느낌과 판단에 의식적으로 성찰할 수 있는 상태를 유지할 필요가 있다. 슈퍼비전에서 이런 반응을 성찰하고 탐구함으로써 지도자는 덜 불안해

지고 더 자유롭게 되어서, 내담자의 상호 인격적 관계에서 표현된 욕망을 하느님과의 친밀함에 대한 욕망과 연결할 수 있다.

또한 하느님과 인간의 친밀함이나 여타 관계들과 관련된 갈망과 에로틱한 경험들에 대한 명시적 대화를 내담자가 지도자와 사랑에 빠졌다는 표지로 해석할 경우, 지도자에게 불안을 일으킬 수 있다. 이럴 때 주의 깊은 슈퍼비전으로 이런 가정을 점검하고, 관계에 적당한 거리를 두면서, 또 내담자와의 성적 접촉을 회피할 수 있게 도울 수 있다. 모든 사랑이 하느님에게로 이끌릴 수 있고, 신성 – 인성의 친근함에서 조화를 이룰 수 있지만, 그러나 이 과정은 시간 속에서 우연히 일어나고 그것을 통해 적절한 치료가 가끔 필요하다.

- 이전의 역사는 친밀한 관계 속의 행동 양식뿐만 아니라 친밀함과 관계에 대한 기대를 형성한다. 내담자는 그들의 하느님과의 관계에 기대와 행동 패턴들을 갖고 오는데, 그중 어떤 것은 바꿀 필요가 있다. 지도자들이 하느님과의 점진적인 친밀함을 막지 않기 위해 내담자의 관계와 성적인 배경을 탐구할 필요가 있는 것처럼, 또한 만일 지도자가 내담자와의 관계에서 이러한 영역을 피한다면, 지도자 역시 자신의 관계의 역사의 국면을 탐구할 필요가 있다.

●●●

지도자들의 종교 체험이 사랑 신비주의를 경험하는 내담자에게 지대한 도움을 줄 수 있다. 마찬가지로 지도자가 신성과 인성의 친밀함에 풍요로워지는 내담자들과 함께 작업할 때 만나는 심리적 도전뿐만 아니라 영적 도전에 주의를 기울이는 것이 중요하다. 일련의 책에서 욕구를 탐구했던 저명한 현대 신학자 존 던은, 인간이 갖는 모든 갈망의 범주 안에 드러나는 미처 깨닫지 못한 갈망의 과정을 자신의 자서전적 묘사로 제시하는데, 그는 하느님과 인간의 친밀함이 신비스럽고 미처 깨닫지 못한 채로 남아 있다고 우리에게 상기시킨다.

> 우리 모두의 욕구, 열정 안에는 어떤 갈망이 있는데, 이는 우리가 미처 깨닫지 못하는 하느님 사랑이다. 나로서는 이 사랑을 "어릴 적 지닌 나의 옛 영혼"이라고 이름 지을 수 있는데, 우리가 모든 사랑 가운데 이 사랑을 듣는다는 것은 "어린 시절의 옛 목소리"를 듣는 것으로, 이를 알고, 또 알게 된 그 사랑으로 사랑하기 위해 나는 어쩌면 멀고 먼 사랑의 여정을 갈지도 모르겠다……
> 우리 모두의 사랑 가운데서 하느님 사랑을 가려내는 법을 배우고, 더 많은 사랑을 알게 되거나 "깨닫지 못함"을 더 인식하게 되는 과정에서, 나는 나의 완전한 소유가 되지 않는 사랑에 대해, 내가 사랑한 말이 내 것이 아니고, 내가 사랑한 음악이 내 것이 아니며, 내가 사랑한 친구가 오로지 나 자신의 것이 아닌 것에 대해 한결 평온해진다. 사랑은 오히려 "나 자신이자 자신이 아닌" 모든 것에 존재하시는 "하느님과 하나 됨"으로 완성되는 것이다.[19]

---

[19] John S. Dunne, *Love's Mind*(Notre Dame, Ind.: University of Notre Dame Press, 1993), 83.

성찰 과제

- 무엇이 친밀함과 에로틱한 경험으로 당신의 인간관계를 맺어 왔는가?

- 하느님이나 영적인 삶에 대한 당신의 가정 중에서, 하느님과 인간의 친밀함에서 에로틱한 경험에 대해 불안하거나, 그것을 즐기는 내담자와 동반하려는 노력을 가로막는 것이 있는가?

- 당신의 영적 지도 과정에서 내담자의 종교적 체험에 대해 부러움을 느낀 적이 있는가? 만일 그렇다면, 내담자의 경험과 자신의 영적 열망에 비추어서 당신의 반응에 대해 어떻게 느꼈는가?

- 내담자가 말하는 성적 관계에 대한 솔직한 묘사의 전체적 내용 안에서 당신이 편안하게 들을 수 있는 수준은 어디까지인가?

- 당신은 사건이 많은 유형과 별사건이 없는 유형에서 사랑의 여정을 알아볼 수 있는가?

- 어느 한쪽에 특권을 주지 않으면서 두 신비적 경로들 어느 쪽에도 내담자를 똑같이 편하게 동반하는가?

하느님과의 상호성:
사랑받는 이와 사랑하는 이의 서로 자연스러운 교감

●●●

13세기 신비가인 하이데위치가 했던 "사랑받는 이와 사랑하는 이의 서로 자연스러운 교감"이라는 말은[1] 영적 여정에 단편적인 부활의 목표를 아름답게 일깨운다. 이 상호성이 하이데위치가 자신의 비전 가운데 하나인 "하느님과 함께 하느님으로 성장하기"로 기술했던 것의 중요한 국면이다. 신비적 과정이 그 출발을 넘어서 주도적으로 하느님과 통합적 관계로 발전함으로써 하느님과 함께 심오한 상호성의 감각이 널리 퍼지기 시작한다. 하이데위치가 대안적으로 이 경험을 일컬어 "하느님과 함께 하느님 되기"라고 표현하였는

---

[1] Hadewijch: *The Complete Works*, trans. Mother Columba Hart. Classics of Western Spirituality(Mahwah, N.J.: Paulist Press, 1980), "Poems in Stanzas", poem 4, 1. 47.

데 이 말은 일반적으로 오히려 지도자와 내담자를 놀라게 한다. 그들의 신학과 신비주의 전통의 접근이, 많은 경우에 원숙한 신비주의자의 가르침과 신비적 경험이 체득되지 못한 채로 남아 있기 때문이다. 결국 많은 지도자가 몇몇 내담자에게서 이런 상호성의 발전을 놓치는데, 왜냐하면 그들이 이것을 기대하지 않았기 때문이다. 지도자와 영적 내담자가 기대하지 않았던 신비적 경험의 발생은, 처음에는 그런 내담자와의 발전된 상호관계를 향해서 하느님의 개입이 증가하는 것에 맞서서 저항 또는 철회를 할 수 있다.

우리가 삶 속에서 중요한 주변 사람들과 가깝게 느끼듯이, 하느님과의 친밀감은 우리에게 소중한 사람과 함께 사는 동안 자기로서 존재하고 자신을 표현하는 것으로 특징지어진다. 친밀한 자기 개방이 상호적일 때, 두 파트너 모두는 자신을 드러내고 거부감 없이 통합하고 도피하지 않고 상대방을 수용한다. 이렇게 사랑하는 관계에서는 더 큰 안정감을 느낀다. 하지만 이런 친밀감이 서로에 대한 권력(힘) 또는 욕망에 연관되었어도, 여하튼 불평등한 감정으로 발전하는 이와 같은 친밀감을 반드시 극복해야한다. 하느님은 본성상 초월적이기 때문에, 우리는 먼저 하느님을 극적으로, 초자연적으로 그리고 압도적인 타자로서 경험한다. 이런 신비적 변화 과정에서, 하느님의 급진적 상호성을 위하여 하느님을 완전한 타자로 보는 감각이 점차 극복된다는 것을 아는 지도자들이 드물다.

하느님과의 상호성을 발전시키는 것이 실제로 신비적 발전의 시작임을 알려 주는데(스페인의 신비주의자들이 변환하는 통합이라 부른 것) 이를 지도자들이 이해하지도 인정하지도 못한다면, 하느님이 발휘하기 시작하는 관계 변화를 실제로 방해할 수도 있다. 하느님과

일시적이고 가끔 일치되는 경험이라기보다, 윌리엄 같은(4장 언급) 내담자들이 기술한 하느님과의 하나 됨은 처음에는 기도나 피정 기간에, 그리고 이후에는 지속적인 경험으로서 안정되고 일관되기 시작한다. 이런 변화를 인지하는 대부분의 내담자는 불신하거나, 종종 두려움으로 반응한다. 내담자에게서 이런 변화를 만들어낼 수 있는 분은 오직 하느님뿐이며 한편, 지도자는 내담자의 불안을 진정시키고 하느님의 부르심에 응답하도록 지지할 수 있다. 다만 이는 지도자들이 그들 스스로 이러한 발전을 이해하고 내담자가 점차 상호 간에 응답하도록 그리고 하느님의 활동에 협력하도록 격려할 경우에 가능하다.

신비적 전통에 확실한 증거가 있음에도, 상호성은 무시되어 온 주제 중 하나다. 왜 우리가 이것을 보지 못했는지, 그리고 왜 우리가 지금 이것을 이제야 더욱 명백하게 인식하기 시작하는지에 대해서 상당히 명료한 설명이 필요하다. 여성신학적 성찰에서, 상호성은 특히 여성들이 그리스도교 공동체 안의 구조적 관계의 방식을 이해하려는 욕망에 불을 붙였다. 지중해의 가부장적 문화를 기반으로 재구성되기 이전, 예수님을 중심으로 모인 초기 공동체의 구성원들 사이의 관계의 형식은 명확하게 동등한 제자직이었다.[2] 여성주의 학자들이 이런 기본적인 성서적 통찰을 통해, 그들은 특히 여성들에 의해 쓰인 신비주의 텍스트들 안에서 하느님 또한 인간이 근본적인 상호성의 관계를 갈망한다는 점을 발견하였다.

이러한 하느님과의 상호성의 구조는 아주 잘 숨겨져 왔다. 우리

---

2 Elisabeth Schüssler Fiorenza, *In Memory of Her*(New York: Crossroad, 1983).

는 들어보지 못했고 그것에 대해서 전혀 친숙하지 않다. 그럼에도 이러한 통찰과 그것을 표현하는 자아와 신의 이미지는 더욱 분명하게 이해될 필요가 있으며 우리의 영적 지도 실천에 영향을 준다.

예비적인 고려들

나는 하느님과의 상호성이란 주제와 관련된 세 가지 예비적인 주제들을 간략하게 고려하고자 한다.

자아 이미지와 하느님 이미지 사이의 상관관계

첫 번째로, 우리의 자아 이미지와 하느님 이미지 사이에는 항상 상관관계가 있다. 우리가 성장과 발전의 과정을 겪으면서, 우리의 경험에 기초해서 우리 자신의 감각이 구성되고 쇄신된다. 저절로 우리의 자아 이미지는, 명시적이든 아니든 우리에게 하느님이 누구인지 상관적인 이미지의 쌍으로 구성한다. 영적 지도자들은 우리의 자아 이미지와 하느님 이미지의 대응하는 방식을 오랫동안 자각해 왔다. 하느님은 이런 상호 이미지의 쌍을 통해서 우리와 관계를 맺는다. 물론 하느님은 어떠한 이미지로도 제한되지 않는다. 어떠한 이미지도 하느님의 실재성을 담아내지 못한다. 그러나 우리는 이미지를 갖고 행동한다.

한 사람의 자아 이미지 속에서의 발전, 변화, 성장은 하느님과의 관계에 긍정적인 해석일 뿐만 아니라 예수가 매개하는 하느님과의 근본적인 상호성을 위해서도 필요한 심리적인 필수조건이다. 이러한 상호관계는 신비적 발전의 더욱 성숙한 단계에서 결실을 본다. 친구와 같은 예수님과 하느님의 성경 속에 이미지처럼 영적 지도자들이 상호성의 이미지가 나타나도록 끌어냄으로써 하느님과의 친밀감이 깊어지는 것을 지지할 수 있다. 하느님에 대한 부정적 이미지는 부정적인 자아 이미지와 관련이 있는데, 이러한 것을 넘어서 하느님과 관계를 맺으려고 할 때, 학대나 괴롭힘 혹은 망가진 심리적 성장으로 인한 자아 이미지의 손상은 극복하기 어렵다는 것을 입증할 수 있다.

이러한 맥락에서 하느님과의 상호성이란, 철학자들이 말하는 하느님의 존재론적 동일성을 의미하지 않는다. 우리는 결코 같은 존재자를 공유하지 않으며, 이런 뜻에서 결코 평등하거나 상호적이지 않다. 오히려 나는 하느님과의 관계가 상호적이 될 때, 무엇처럼 느껴지는 것을 기술하는 것이다. 우리의 영성생활이 성장할수록 생기는 불평등한 느낌은 하느님의 은총으로 극복된다. 하느님을 위한 우리의 포용력을 하느님이 증폭시키기 때문에 관계적 상호성이 가능해진다. 그래서 하느님의 초월적 감각은 우리의 경험에서 멀어져 가고 놀랄 만한 상호성과 파트너십으로 대체된다. 도로시의 경우는 이런 변화를 조명하고, 4장에서 다루었던 윌리엄의 이야기는 하느님의 초월성이 드러나는 강한 뜻과 상호성의 이미지들을 포함한다. 우리 대부분은 이러한 은총의 능력을 믿지 않도록 배워 왔다.

우리 대부분은 하느님과 우리 자신들 사이에 이러한 간격을 절대로 극복할 수 없다고 배워 왔다. 성 바오로는 우리가 "그리스도 안에서 새롭게 창조"되었다고 말한다. 새로운 창조는 하느님이 은총으로서 새로운 관계를 가능하게 함으로써 어떻게 이 간격을 극복하는지를 암시한다. 나는 이것을 예수가 하느님과 똑같이 되는 것을 포기하고 인간처럼 됨으로써, 우리가 더 신과 같이 될 수 있는 이미지로 표현한다. 우리는 은총 받은 존재로 성장하는데 이는 우리가 그렇게 되려고 시작하였기 때문이라고 여기지만, 잠재적으로는 처음부터 이러한 존재는 실존하는 것이다. 나는 우리의 개인적 배경이 얼마나 온전하든 손상되어 있든 간에 우리 모두에 대해 이것이 참이라고 생각한다.

하느님에 대한 언어의 영향

두 번째로, 하느님에 대한 언어는 우리의 신의 실체에 대한 감각을 제한하기도 하지만, 한편 상상을 통해 그것을 확장할 수 있다. 우리의 하느님 이미지는 하느님이 철저히 사랑하는 방식으로 하느님 자신을 드러내는 것을 더 어렵게 하거나 쉽게 할 수도 있다. 영적 지도자인 우리가 말하는 방식이나 하느님의 이미지를 만드는 방식은 하느님에 대한 속박이 될 수 있다. 한편 우리와 내담자들 안에서 하느님이 우리를 위한 하느님이게, 극히 놀랍고 새롭고 신선한, 우리의 협소하고 제한적 구속에서 견지되지 않는, 새롭고 무한한 가능성과 상상적 자유를 열도록 할 수도 있다. 비상호적이거나 또는 배타적 이미지의 사용은 우리가 상상하는 과정 전반에 걸쳐 하느님과 함께하는 상호적 관계로 향하는 은총의 행동을 인식하기란 매우 어렵다.

하느님에 대한 부정적 또는 부정확한 이미지는 하느님과 인간 사이의 감정적 거리와 인간 수준에서 부적절한 사회적 관계를 초래한다. 예를 들면, 우리가 주님으로서 하느님 또는 예수님에 대해서 말할 때 연상되는 이미지는 무엇인가? 종인가, 노예인가, 신하인가? 우리 문화 안에 적절한 것이 없다. 우리가 그들에게 무엇인가를 해야 하거나 거기에 권위가 있기를 바라지는 않는다. 우리는 거기에 권위가 있다거나 그들에게 뭔가 빚을 졌다는 것을 인정하고 싶지 않다. 이 이미지는 우리의 민주적 사고에도 맞지 않는다. 제자 또는 조력자로 한 쌍의 이미지를 갖는 지도자인 예수는 어떠한가? 지도자로서 우리 자신은 어떠한가? 만일 하느님이 군주라면, 우리는 신하가 되는 것이다. 예수님을 친구로 또는 애인으로 상상하는 것은 어떤가? 그러면 우리는 그의 친구 또는 애인이 된다. 이러한 이미지가 갖는 한계가 없는 것은 아니지만, 거리와 불평등보다는 감정적 친밀감과 상호성을 증진한다. 영적 지도자인 우리에게는 하느님에 대해서 어떻게 말할 것인지, 그리고 때에 따라서는 기형적인 하느님 이미지를 수정하고, 또는 하느님의 존재에서 찾을 수 있는 합당한 이미지를 제대로 일깨울 책임이 있다.

성(gender) 차이

세 번째로, 우리의 경직된 사회사 때문에 남성과 여성은 다른 성(gender)에 기초한 자아 이미지/하느님 이미지를 발전시킨다.[3] 로마 가톨릭은 공적인 언어와 교회의 전례에서 하느님의 남성상만을 계속해서 고집해 왔다. 만일 당신이 여성이라면, 하느님을 남성으로만

---

3 《리더(the Utne Reader)》 1998년 9/10월호는 새로운 성 연구에 대해 초점을 맞추었는데, 성차(gender)는 성별(sex)과 별개의 것으로 성차(gender)는 우리가 상상하는 그 이상으로 가변적인 사회적 구조다.

표현하는 언어 때문에 하느님의 이미지 안에서 어려움과 불편함이 있을 수 있다. 여성에게는 신과 같은 자아를 사용할 기회가 주어지지 않았다. 사실상 여성은 심지어 남성의 몸이 아니기 때문에 그리스도를 상상할 수 없다고 잘못 전해져 왔는데, 이는 세례성사에서 시작된 그리스도인 삶의 실제 경험을 부인하는 것이다. 반면에 남성은 자신들이 이미 하느님과 같음을 무의식적으로 가정하는 경향이 있다. 남자들은 남자의 몸을 갖고 태어났다는 권리로 신의 이미지 안에 있는 것이다.[4]

영성적 전통은 남성으로 부르느냐 여성으로 부르느냐에 따라 상이한 방식으로 다루어 왔다. 남성은 마치 예수님이 그랬듯이, 회심 과정에서 초월적 하느님과 올바른 관계를 맺기 위해서 "하느님과 같음"을 자신에게서 비워 내야 한다. 어떤 남성이 결코 종교에 매력을 느끼지 못한다는 이유는, 그 남성은 남성적 권력의 형태를 포기해야 함을 알기 때문일 것이다. 그들의 더욱 큰 사회적 권력 때문에, 남자들은 그들 자신이 하느님이 아니라 하느님의 이미지 안에 있을 뿐이라는 점을 종종 망각한다. 남성 문화로 구축된 우상을 남성들이 깨끗이 포기한 후에야 하느님과 상호관계가 가능해진다.

어떤 남자들, 특히 사춘기 후반과 청년기처럼 성장단계에 있는 남성들은, 회심 과정이 마치 "남자답지 않게" 되길 요구하는 것처럼

---

4 성차의 가정에 대한 논의에서, 개인적으로 남성 또는 여성에 관한 발표가 아닌, 현재의 서구 사회에 전통적인 합의에 대해서 발표하려고 한다. 그들의 의식과 선택에 개인적으로 다양한 고려는 그들이 하느님 – 인간 관계에서 노는 것처럼, 성차별, 포괄적인 언어, 그리고 성차의 가정이 관련된다.

느낄 수도 있다. 영적 탐구에 임하는 남성들이 자신들의 남성성을 위협받는 것처럼 보이는 것이다.[5] 성 이냐시오는 『영신수련』에서 이런 위험을 정확하게 자각했으며 남성적 경험에서의 이미지들을 아주 미묘하고 세심하게 사용한다. 이냐시오는 군인과 궁정 생활로부터의 이미지들을 사용하여 전형적인 남성적 태도를 전복시키고, 대신 조물주 하느님과 그리스도에 대한 관계 안에서 남성적 정체성을 해체하고 재구성한다.

다른 한편, 그들의 회심 과정에서 여성들은 먼저 충만한 인격성을 누리는 것으로 자신을 경험하기에 충분한 자아 존중을 발전시킨다. 전형적으로 이는 존엄성과 행위 주체로서의 감각을 포함한다. 그들의 사회적 조건 때문에 여성들은 이미 초월성과 적절한 관계에 있다. 여성들은 그들이 하느님 같다고 즉각적으로 가정하지 않는다. 그들은 무엇이 세속적이며 무엇이 신과 같은 것이 아닌지 이미 알고 있다. 여성들에게 영적 과제는 완전하게 자신이 되는 것이다.

만일 한 여성이 젠더(性) 차이에 대한 감수성이 별로 없는 지도자와 영신수련을 한다면, 일차적으로 '남성적' 훈련 형태로 훈련하게 된다. 여성의 정신세계는 이러한 딜레마에서 창의적이며 흥미롭게 행동한다. 변화과정 속에 필요한 이미지를 창조하는 내담자의 상상적인 정신세계의 능력을 과소평가하지 않는 것이 중요하다. 사람들은 그들이 필요한 이미지를 창조하고 그러한 이미지를 통해 영신수련을 하는 방식을 찾아낼 것이다. 지도자가 할 수 있는 큰 도움 중

---

5   나는 포담대학교의 동료 존 쉐이 박사(Dr. John J. Shea)의 남성주의와 영성의 발전적인 이론에 도움을 받았다. "Differing Journeys: Masculine and Feminine Spirituality."

하나가 이러한 내면의 창조성을 존중하고 길러내는 것이다. 영신수련의 관상기도에서 수많은 여성과 남성 지도자 역시, 자신들의 내담자에게서 출현하는 이미지들을 통해 가능한 한 적절하게 그 과정을 재현하고 재구성한다.

그럼에도 불구하고, 매우 드물지만 어떤 여성들은 스스로가 하느님의 이미지 안에 있다고 주장하는 데 필요한 자아 이미지와 하느님 이미지들을 발견할 수 있다. 어떻게 어머니의 사랑으로 예수가 사랑하는지를 관상하는데, 피정의 모든 시간을 보냈던 1장의 여성은 자신이 하느님 안에 있다고 주장할 수 있는 자아 이미지와 하느님의 이미지를 스스로 발견하였다. 그녀는 예수님의 아가페 사랑과 그녀 자신의 모성애 사이에 존재하는 심오한 관계를 인식하였다. 의미심장한 방식에서 그녀와 예수 모두가 모성적이었다.

영적 지도를 진행하는 데 하느님의 성(gender)화된 이미지에 대한 세심한 주의가 필요하다. 현대에는 여성에게 맞는 다양한 이미지가 가능하게 되었으며, 이런 이미지들은 또한 다행히 더욱 널리 알려져 있다. 대부분 여성에게는 수치와 자아상실(자아공허)의 은유적 표현이 아니라 그들의 행위와 자아 감각에 생기를 불어넣어 주는 이미지가 필요하다. 남성적 이미지는 그것들과 동일시할 수 없거나 심지어 동일함이 허용되지 않는 여성들에게는 별로 도움이 되지 않을 것이다. 영적 지도자들의 반응은 여성 내담자들의 이런 상상적인 창조성과 자유를 지지하기도 하고, 억제하기도 한다.

하느님의 남성적 이미지는 그들의 성적 경향에 따라 남성과 여성 모두에게 복잡한 도전을 제기한다. 동성애자인 남성과 이성애자인 여성은 예수에 대한 기도와 관상에서 하나가 되는 사랑에 대한 그들의 에로틱한 욕망 통합이 더 쉽다는 것을 발견한다. 하지만 동성애자인 남성은 그의 아버지가 힘들게 하거나 인정하지 않았다면 그들에 대한 자비와 하느님의 선한 의지를 믿는 것이 어려울 수도 있다. 동성애 남성과 이성애자인 남성 모두에게 아버지와의 관계는 종종 친밀성도 아니고 무조건적인 사랑도 아니다.

하느님에 대한 배타적인 남성적 이미지는 우리의 남/여 성별 구분에 따라 우리의 정신세계에 다른 반응을 불러일으킨다. 아버지나 다른 성인 남자들에게 학대받아 온 여성은 하느님-아버지 이미지나 여타 남성적 이미지에도 어려움을 가질 것이다. 1장에서 언급한 수잔은 그녀의 아버지와의 곤란한 관계로 씨름하고 있었다. 그녀의 가장 큰 치유와 친밀한 이미지는 그녀의 기도에서 자연스럽게 나타난 하느님의 아름다운 여성적인 인격화였다. 수많은 세월 속에서 그녀는 예수님의 이미지를 시종일관 즐겼다.

하느님 이미지와 성애적(erotic) 에너지

동성애자인 여성과 이성애자 남성들은 하느님의 여성적 이미지를 이용하지 않고서는 그들의 기도에 애정적 욕구를 통합시킬 수 없을 것이다. 이것이 이냐시오의 영적 경험을 비롯해 어떤 남성들의 영적 경험에서 마리아가 종종 그런 큰 역할을 한 이유를 설명해 준다. 하지만 때로는 성적 방식으로 마리아에 대해 생각하는 것은 어려운 일이다. 마리아가 특히 모성적인 것과 전적으로 동일시될 경우, 이런 투사로 아주 제한적인 방식으로만 많은 사람들이 이용할 수 있다. 예를 들면, 이냐시오가 어렸을 때 어머니가 돌아가셨기에, 그는 자신에게 필요한 모성애를 마리아에게 전적으로 투사했다. 그의 생애를 통해서 다양한 방식으로 여성에게 상당한 매력을 느꼈던 한편, 그는 이러한 여성에 대한 욕망의 많은 부분을 마리아에게로 승화시켰고, 수도자가 그들의 관상기도와 기도 담화에 마리아와 성인들을 포함하도록 격려했다. 비록 어떤 남성 내담자는 욕망의 방식으로 마리아의 이미지를 연결하기도 한다. 그들의 관능적인 마리아의 이미지화를 발견한 이들은 지도자가 그런 가능성을 권하지 않는다면 영적 지도 대화에서 그것을 드러내는 것은 당혹스러울 수 있다.

현재 출현하는 예수님과 하느님 모두를 위한 새로운 여성적 하느님 이미지는 지혜다.

어떤 남성과 여성은 이러한 이미지를 사용함으로써, 관상 속에 친밀한 사랑의 관계로 발전시킬 가능성이 있다. 영적 지도자가 수도자의 에로틱한 에너지를 편하게 전할 수 있는 특수한 예수 이미지나 하느님 이미지를 규명하는 것은 매우 중요하다. 이런 에너지가 인간, 타자에 대한 만족되지 않는 욕망의 본능적 뿌리이고, 그 타자는 궁극적으로 하느님이다. (만일 기도에서 이런 통로가 차단된다면, 그 에로틱한 열망이 특히 사랑받는 사람에 의해 채워지지 않은 이들은 결코 충분하게 위대한 사랑, 즉 하느님으로 채워질 수 있는 사랑으로 발전시키지 못할 수 있다.) 만일 우리가 우리 자신의 기도 속에 이러한 성적 갈망을 통합시키지 못한다면, 우리가 하느님과의 친밀한 관계 속으로 들어갈 수 있는 능력은 사라질 것이다.

하느님 이미지의 근원으로서의 종교개혁 이전의 신비적 전통

종교개혁 이전의 영성적 전통의 가닥들은 여성의 자아 감각을 강화하는 이미지들로 가득하다. 잔 다르크의 목소리는 그녀에게 용기와 끈기를 불어넣었다. 제르투르다의 비전은 그녀에게 영적 지도와 상담의 선물을 확신시킨다. 시에나의 카타리나는 진리인 하느님을, 구원으로 인도하는 다리인 예수님을 발견했다. 예수님은 이 여성들을 치유하고 위로하고 강하게 하고 편안하게 하고 또한 그들에게 권한을 주었다. 비전을 가진 여성들이 쓴 작품에서 남성, 여성, 그리고 자연스러운 하느님 이미지가 드러난다. 이것들은 여성들이 신성한 것과 파트너가 될 것을 부추길 뿐 아니라 또한 요구했다. 그들 문화에 맞서는 방식으로 하느님과 함께 그리고 하느님을 위한 활동으로 부름받았을 때, 그들의 종교적 경험에서 일어나는 하느님 이미지는 그들에게 지속적인 확신을 제공했다. 이러한 이미지, 특히 그리스도와 마리아의 이미지는 약하거나 상처받은 자아 이미지를 치유했고 상호작용의 증진을 촉진시켰다. 예수님과 이런 신비주의 여성들 간의 성심(聖心)의 교환이 이런 상호성을 그려냈다. 그 후 신비주의자는 예수님의 성심을 사랑했다. 예수님은 당신 자신을 그녀에게 주고 그녀도 그녀 자신을 예수님께 드린다. 그들은 이 세상을 구원하기 위한 파트너로 함께 결합한다.

하느님의 성 구별에 대한 중세의 이미지가 현대보다는 종교개혁 이후 훨씬 더 자유로웠다. 메히틸드와 하이데위치에서 보았듯이 중세 이미지에서, 사랑은 종종 여성으로 인격화되었다. 그리스도는 남성성과 여성성 둘 다 갖고 있었고 마리아는 종종 은밀한 여성적 하느님 이미지였고,[6] 성령은 모든 상상할 수 있는 형상을 가졌다. 종교

---

6 Elizabeth Johnson's "Mary and the Female Face of God" in *Theological*

개혁 이전의 남성들도 젠더(性) 구별에서 다양하였다. 그리하여 아시시의 성 프란치스코는 가난이라는 숙녀와 결혼해 남성과 여성적 인격화 모두를 통한 창조와 관계할 수 있었다.

종합하면, 우리가 영적 지도자로서 내담자와 하느님과의 상호성을 촉진할 때 이러한 세 가지 예비적 주제에 대해 고려하면 내외적으로 발생하는 하느님 이미지의 복잡성과 창조성을 민감하게 인식할 수 있다. 우리의 자기 이미지와 하느님 이미지는 서로 상관관계에 있다. 하느님에 대한 언어는 우리가 하느님을 어떻게 상상하는가를 확장하거나 제한할 수 있다. 성 구별과 성적 경향 역시, 우리의 자아 감각과 하느님 이미지를 만드는 데 근본적인 조건이다. 지도자로서, 우리는 내담자와 하느님과의 관계에서 이런 섬세한 재현을 주의 깊게 다룬다.

하느님과의 상호성이란 주제의 재발견

영적 지도자인 우리가 하느님과의 상호성이 무시된 주제를 더 잘 다룰 수 있도록 도울 수 있는 것은 무엇일까? 우리가 이런 초기 전통에서 몇 가지 이미지들을 재발견하는 것은 우리가 이것이 착오도 아니고 동시대의 유행도 아니라는 것을 인정하게 돕는다. 그 이후 이러한 주제의 재발견은 하느님의 상호성 출현에 대한 긍정적 반응을 지지한다. 예수님이 제시한 구원과 신비적 경로를 위해서 하

Studies 50(1989): 500~526 and *She Who Is*: *The Mystery of God in Feminist Theological Discourse*(New York: Crossroad, 1992).

느님과의 상호성을 묘사하는 하느님에 대한 언어 사용은 지도자와 내담자들이 이러한 경험을 가능하게 할 뿐만 아니라 이러한 경험에 개방되도록 한다. 우리 자신의 경험과 내담자의 경험에서 이 주제에 주목하는 것은 우리가 그것에 더 편안하게 된다.

나는 내 기도에서 이러한 주제를 처음으로 발견하였는데, 그 이미지가 독창적이고 예상할 수 없었던 것을 해석하기란 참으로 어려웠다. 예수님은 시야에서 사라졌고, 내적 비전에서 예수님을 바라보는 대신 나는 내부로부터 나를 조명해 주고 사랑하는 그를 감각하거나 느낄 수 있었다. 나는 나의 강의나 영적 지도를 통해 언제 예수님이 나를 안내하거나 예수님이 나를 통해서 행동하는지 더 분명한 감각을 갖게 되었다. 처음에 나는 하느님이 이와 같을 것으로 생각하지도 못했기 때문에 이런 이미지의 변화에 주의를 기울이지 못했다. 하느님이 나와 상호적 관계를 원한다는 것을 나는 상상조차 해보지 못했기 때문에 아무런 준비가 되어 있지 않았다. 나는 나에게 가장 영향을 준 고전 서적에서도 그것을 알아채지는 못했다. 이런 친밀감과 상호성의 감각이 더 발전하면서, 나의 몇 가지 이미지들이 또 바뀌었다. 한 이미지에서 나는 지혜-그리스도의 전차(Sophia-Christ's chariot)를 타고 있었는데, 먼저 바다를 가로지르고 그다음에는 바람에 의해서 위로 들어 올려졌다. 그 이미지 안에서 그리스도는 전차 안에서 나를 뒤에서 끌어안고 나와 함께 전차를 운전했다. 서로 끌어안는 것과 함께 운전하는 것이 교대되었지만, 전차는 계속 달렸다. 이 이미지와 나의 일상에서 나란히 걷는 감각을 비롯한 여타 이미지들이 이어졌는데, 친밀감, 연관관계, 파트너 관계, 공유된 활동의 느낌 같은 무엇인가를 주었다.

상호성의 주제와 이미지가 고전적 텍스트들에서 분명하게 드러났고, 나는 여타 이미지와 가르침에도 더 주의를 기울이도록 배워왔다. 두 명의 저자가 나의 인식 변화에 중대한 영향을 미쳤다. 잔 길 밀하븐의 책 『하이데위치와 그녀의 자매들: 사랑과 인식의 다른 방법들(Hadewijch and Her Sisters: Other Ways of Loving and Knowing)』은 상호성이 드러날 때의 신체적 자각과 사랑의 상호성에 철학적 분석을 제공하였다. 아빌라의 데레사와 십자가의 요한에서 이 같은 주제를 추적했던 콘스탄스 피츠제럴드의 논문도 중요하다.[7]

이냐시오 전통

이냐시오 인식 변환의 연속성을 가르치는 수업에서, 나는 이냐시오 비전의 상호성을 살펴보았다. 이런 자각의 변화에 이은 이냐시오에 대한 강의에서, 나는 이냐시오가 상호성에 대해 설명한 부분을 찾아보았다. 나는 "사랑을 얻기 위한 관상"[8]의 요점 1과 2에서 그것이 가장 분명하게 표현되었음을 발견했고 피정을 완결하는 명상에서 다음과 같은 것을 발견했다.

---

7 John Giles Milhaven. *Hadewijch and Her Sisters: Other Ways of Loving and Knowing*(Albany: State University of New York Press, 1993) and Constance FitzGerald, O.C.D., "*A Discipleship of Equals*: Voices from Tradition – Teresa of Avila and John of the Cross," in *A Discipleship of Equals: Towards a Christian Feminist Spirituality*, ed. Francis A. Eigo(Villanova: Villanova University Press, 1998), 63~97.

8 *The Spiritual Exercises of St. Ignatius*, trans. Louis J. Puhl, S.J.(Chicago: Loyola University Press, 1951), nos. 230~237.

> 첫째는 사랑은 말보다 행동에 있어야 할 것이다.[9]
>
> 둘째는 사랑이란 서로 무언가를 주고받는 데 있는 것이니, 즉 사랑하는 이가 자신이 가진 물건을 사랑받는 이에게 선사하고 또 가질 수 있는 물건도 알려 주며, 사랑받는 사람도 자신을 사랑하는 사람에게 이처럼 하는 것이다. 그러므로 한편에서 지식을 갖고 있으면, 그것을 갖지 않는 편에게 알려 줄 것이며, 명예나 재산을 가질 경우에도 서로 그렇게 할 것이다.[10]

이 관상에서 사랑은 매우 구체적이다. 사랑은 감정으로만 구성되지 않으며, 재화의 나눔과 상호적 행동이 따른다. 영신수련에서 고도(highly)로 하나가 되는 세 번째와 네 번째 주간의 절정에서, 이러한 명상은 피정자와 함께 나눔에 모든 것을 집중 조명한다. 영적 발전은 피정자의 단계에 따라, 관상의 결실로써 그 또는 그녀는 이런 상호성에서 그리스도와 결합하는 능력의 확장을 경험할 수 있다.

그러나 흔히 이런 모든 관상의 삼위일체적 맥락을 종종 간과한다. 일차적으로 그것들은 지극히 그리스도 중심적이어서 여기서는 예수님이 상호성 안에서 우리에게 다가오시는 하느님이시다. 그러나 이 마지막 관상의 목적은 그리스도로부터 성령이 우리 안에서 우리를 통해 작업할 수 있도록 하느님과 함께하는 우리 자신의 상호성을 확장하는 것이다. 만일 우리가 응답할 수 있다면, 예수님과 함께 하느님과의 상호성 관계가 된다. 어떤 피정자에게, 피정의 끝이자 목적

---

9 Ibid., no. 230.1.
10 Ibid., no. 231.2.

인 이 "사랑을 얻기 위한 명상"은, 하느님과 창조에 대한 올바른 관계의 대안적 묘사로, "첫 번째 원리와 기초"로 사용될 수도 있다.

이냐시오가 예수회라는 이름으로 교황청 승인을 얻기 위해 로마에 도착하기 직전에, 그의 사명을 확인시켰던 라 스토르타에서 이냐시오 자신의 비전은 이런 상호성을 구현한다. 이 비전에서 이냐시오는 천상의 궁정에서 "그를 그녀의 아들 옆에 두기를" 마리아에게 부탁하면서 마리아를 관상한다. 신하의 이미지는 이냐시오의 남성적 정체성이란 견지에서 그의 하느님과의 결합을 표현한다. 이냐시오는 "여왕이신 성모"(대개 여성적인 하느님 이미지 암시) 옆에 앉혀져, 왕가의 궁정에 예수의 동료로 왕과 왕비에 의해 간택된 형제로서 받아들여져서, 그의 여생을 삼위일체와의 가족적 친밀감과 예수와의 우정 속에서 살게 되었다.

이 세상에 오신 예수님과 똑같은 행동인 속죄의 사랑에 이냐시오의 동료는 기꺼이 참여한다. 이냐시오가 느꼈던 이러한 친근감이나 상호적 이미지는 21세기를 사는 우리에게는 썩 마음에 와 닿지 않는다. 우리는 왕가의 이미지에 거리감이 있다. 그러나 이냐시오는 왕가의 구성원으로 받아들여졌다. 그리스도의 감정적, 사목적, 구원적 사랑, 그리고 부활의 희망을 공유하는 이런 이미지들에서, 우리는 이냐시오에게 문화적으로 가장 잘 통용되는 남성과 남성 상호관계의 남성적 이미지를 발견한다. 그 이후 지속해서 이어진 하느님의 현존 체험의 뚜렷한 안내를 받아, 이냐시오는 모든 것들 안에서 하느님을 발견할 뿐 아니라 하느님 안에 이미 모든 것이 있음을 발견한다.

영신수련의 이런 목적을 위한 이냐시오의 이미지들은 그가 진정으로 모든 것 안에서 하느님을 경험할 수 있다. 즉 그가 관상하기를 좋아하던 창조된 우주의 별들, 예수회 동료의 상호 인격적인 세계, 그곳에서 그것을 통해서 다른 사람들을 돕는 일에 그리스도의 파트너가 되었던, 성령이 충만한 공동체 안에서 하느님을 경험할 수 있었다. 이냐시오는 정확히 이런 하느님과의 상호성 맥락에서 그의 '슈시페'(봉헌기도) "취하소서, 주님, 받으소서",[11] "재화의 상호 나눔"을 말한다. 이것이 상호적 관계에 대한 그의 응답(그리고 피정자들의 응답)이다. 나는 우리와 우리 피정자들이 이런 상호성을 경험하고 그런 정서가 자발적으로 일어나기도 전에 이런 말들을 너무 자주 한다.

후기 중세 전통으로부터 추가적인 예들

이냐시오의 상호성 이미지는 남성의 의식 안에서 상호성의 훌륭한 예를 제공한다. 중세 후기부터 수많은 여성 신비가들이 상호성의 여성적 유형을 예시한다. 예를 들어 브라반트, 13세기 베긴회의 하이데위치는 다음과 같은 시를 썼는데, 이는 그녀의 청중에게 고통의 시간 동안 사랑의 목적이 결국 이루어지게 됨을 약속하는 것이었다.

> 내 마음에, 당신의 많은 슬픔을 남겨 두지 말아요.
> 당신이 비탄 속에 있어도, 당신은 곧 활짝 웃음꽃을 피울 터이니
> 당신은 모든 폭풍을 헤쳐 나가겠지요,
> 당신이 비옥한 땅에 도달할 때까지
> 서로 사랑하는 이들은 어디서나 서로를 통해서

---

[11] Ibid., no. 234.

> 숭고한 신의는 세상 이곳에서 당신께 바치는 약속입니다.[12]

마그데부르그의 메히틸드는 하느님과의 상호성을 묘사하는 데에 더 이상 주저하지 않는다.

> 하느님은 그/그녀 자신 속에 영혼을 깊게 감싸는 하느님 신성의 본성을 완전히 부어넣으면, 영혼은 말이 없게 된다. 영혼은 하느님이 가장 가까운 영적 교감이며, 하느님은 아버지 이상의 존재라는 것 말고는 아무 말도 하지 않는다.[13]
>
> 하느님은 당신의 빛나는 가슴 안에 그 영혼을 누인다. 그래서 위대한 신인 그와 비천한 여종인 그녀가, 포도주와 물이 섞이듯 온전히 서로를 품어 합일되도록.[14]
>
> 사랑이 영혼 안에서 자라고 팽창됨에 따라, 영혼은 하느님을 향한 열망으로 일어나고 그 영혼으로 향하는 영광을 향해 흘러넘친다. 그런 다음 사랑은 영혼을 통하여 감각들 안으로 녹아들어가고, 그리하여 육신마저 사랑 안에 공존하게 된다. 사랑이란 모든 것을 끌어당기기 때문이다.[15]

---

12 *Hadewijch*, "Poems in Stanzas," poem 4, 11. 43~48; cf. poems 35 and 36 and letter 6, no. 350ff.

13 Sue Woodruff, *Meditations with Mechthild of Magdeburg*(Santa Fe: Bear and Company, 1982), 79.

14 Ibid., 88.

15 Ibid., 89.

메히틸드가 이러한 상호성의 이미지를 통해서 어떻게 삼위(성부, 성자, 성령) 안에 하느님의 포옹을 그리게 되는지에 주목하라. 하느님은 성부 그 이상이다. 겸손한 처녀는 그녀에게로 향하는 영광에 굽히므로 흘러넘친다. 이끌림은 분명히 상호적인데, 하느님은 그녀에게로 향하고 그녀는 이 영광으로 되돌려 보낸다. 이것은 순수한 '영적' 경험이 아니고 그녀의 몸이 공유하는 영적 경험이다.

사랑받는 이의 즐거움에 대해 지나치게 강조하다 보면, 우리 대부분처럼, 많은 여성 신비주의자들이 적극적인 사목생활을 했다는 사실이 가려진다. 사람의 몸짓과 관심을 통해서 그 사람을 알듯 밀해븐은, 병중에 있는 사람을 간호하고, 음식을 제공하고, 양육하는 것 같은 가정생활의 일상적이고 반복되는 과정에서 하느님의 사랑을 받고 있음을 이 여성들이 알게 된다. 사랑 속에서 상호성은 서로를 상처받기 쉬운 사람으로 만든다. 우리는 사랑받는 이의 현존에서 기쁨과 즐거움을 수반한다. 반대로 사랑받는 이의 부재는 때로는 증오와 고뇌의 감정을 일으킨다. 상호 간의 기쁨은 상호 간에 슬픔이 되고 그 반대가 되기도 한다. 한 어린아이가 잘 성장할 때, 부모도 즐겁다. 아이가 아프거나 상처받을 때, 부모는 아이와 함께 아파한다. 하느님과 인간 사이의 거리는 예수님의 강생, 죽음, 부활, 성령이 머무는 선물을 통해서 극복된다. 신비적으로, 우리는 먼저 예수님과의 상호성을 통해 하느님과의 친밀성, 그다음에는 예수님이 표현하는 신성과의 친밀성이라는 선물을 경험하게 된다.

도로시의 상상

피정에서 있었던 역동적인 동시대의 예화들이 관념을 더욱 구체적으로 만들어 줄 것이다. 도로시는 자신이 40대 후반에 한 피정에 대해 다음과 같이 설명한다. 그녀의 이미지는 그녀의 영적 성장 과정에서 그녀의 자아 이미지의 재형성을 분명하게 비춰 주면서 삼위일체의 인격과 예수님과의 상호성을 향한 움직임을 반영한다. 이러한 이미지들은 생생하고, 유머가 풍부하고, 현실적이며 그녀의 태생에 기반을 두었다. 이러한 획기적 경험의 은총이 너무나 강력하고 효과적이어서, 그 사건이 일어나고 4년 후에 마련된 인터뷰에서 그녀는 그것들을 기술하면서 감동해 눈물을 흘렸다.

> 마치 내가 정글 속에 있는 것만 같았다. 그곳은 늪 속이었다. 진흙의 늪은 다름 아닌 인간의 배설물이었다. 단지 진흙만은 아니었다. 그것이 나의 죄다. 나는 거기서 더는 움직일 수 없었고 놀라지 않을 수 없었다. 내 가슴은 뛰었고, 여러 가지 일들이 일어났다. 나는 나무에 기대려 했는데, 나무 주위에 뱀이 도사리고 있었기 때문에 나무가 움직였다. 나는 어디로도 갈 수 없었고 그 자리에서 꼼짝없이 서 있었다. 진창에서 벗어나려는데 용이 나를 뒤따라왔다. 용의 추격은 더욱더 가까워졌다. 이럭저럭 하는 동안 2, 3년간 예수님과 거리를 두고 있었다. (그녀는 지금은 사라졌지만, 예전에 있었던 이와 비슷한 경험 때문에 때론 하느님에게 화가 나 있었다.) 예수님은 아슬아슬한 때에 막 도착한다. 예수님과 용의 엄청난 전투가 벌어졌고 그들은 진흙탕 속에서 엉겨 붙어 엉망진창이다. 예수님은 용의 아가리를 붙잡고는 한 방 때리고 그 용의 목을 꺾어 버린다. 그리고 그들 모두는 지하세계로 가고 다시 오지 않았다. 그들은 가버렸다. 지금 나는 울고 있고, 전혀 움직일 수가 없으며 너무나 망연자실해 있다. 이제 정글은 마르기 시작

하고 시들어 간다. 오직 하나 남은 것이 있는데 그것은 사막이다. 나는 거기에 서 있으며, 어디론가 떠날 수가 없다. 나는 울었다. 거기에서 죽음의 전쟁이 있었고, 그러나 연이어서 부활이 오는 것을 보았기 때문에 그 순간 시들어 가는 사막이 나에게는 매우 성스러운 장소가 되었다. 어떤 일이 일어났고 나는 거기를 떠날 수 없었다. 물론 예수님과 함께 있었다. 나는 그곳을 자세히 살폈지만, 예수님은 다른 방법으로 온다. 나는 그를 쳐다 보았지만, 무엇을 말하는지 나도 모른다. 그는 진흙에 두껍게 묻혔다. 나는 결코 잊을 수 없는데, 그의 귀에서부터 그의 얼굴을 가로지른 진흙 자국 줄기가 있다. 그것은 정말로 무시무시했다. 이 부분에서 기도가 끝났다. 모든 것 앞에서 무릎을 꿇고서, "나의 주님 그리고 나의 하느님" 하고, 복음서에서의 토마스처럼 나는 나도 모르는 사이에 행동하였다. 그 이후, 나의 지도자에게 가서 나에게 일어났던 일들을 모두 말했고 그는 들었다. 만약 당신이 그를 아주 잘 안다면 어떻게 그의 얼굴이 그렇게 온화할 수 있는지 나는 잘 모르겠다. 그는 나의 이야기를 듣고서 어떠한 판단도 내리지 않는다. 그는 매우 온화하고 친절한 목소리로 나에게 기도하라고 한다. 그리고 "어떻게 당신을 섬길 수 있겠느냐고 예수님에게 물어보라"고 말했다. 그래서 나는 기도하면서 이와 같은 질문을 했다. 그랬더니 그가 말하길, "네가 알다시피 나는 목욕을 하고 싶다." 나는 대답했다. "좋아요." 나는 가서 수건과 비누를 가져왔고, 그것을 건네주었다. 나는 예수님에게 봉사한다. 그는 모든 것을 받아들고서 말하길 "네가 알고 있듯이, 너 역시 목욕이 필요하다." 그는 나를 끌어들였다. 거기에는 오아시스가 있었고 우리는 물속으로 들어갔다. 나는 그를 씻겨 주었고 그는 나를 씻겨 주었다. 그것은 정말로 좋은 경험이었다. (울음)

이 상호성의 이미지들은 얼마나 투명한지! "나의 주님, 그리고 나의 하느님"이란 말로는 전혀 그것을 표현하지 못한다. 그보다 그녀의 이미지들은 상호의존과 예수와의 관계에서 신분의 차이와 거리감을 극복했음을 보여 준다.

다음의 대화는 다른 피정에서 나온 것인데 도로시가 '하느님과 친구 되기'로 기술했던 것과 같은 움직임에 속한다. 그녀의 상처받은 자아상(自我象)이 피정 중에 어떻게 치유되었는지를 보여 준다. 피정에 앞선, 몇 가지 좋은 치료들이 그녀의 원래 가족과 관련된 이슈들이 어떻게 그녀에게 영향을 주었는지를 이해하도록 도왔다. 피정은 그녀의 종교적 경험과 새로운 자기 이해의 통합을 반영하는 것처럼 보인다. 그녀의 자기 이미지와 그에 대한 그녀의 관계 모두에서 분명하게 변화하였다. 마음의 대화는 이제 그녀가 하느님에게 친밀하게 사랑받고 보조를 받았다는 것을 알기 때문에 그녀의 상처받은 자기 이미지에 곤란해 하지 않고 살고 있음을 입증한다. 그녀가 이렇게 말한다.

> 거기에는 무엇이 되어 가고 있으며 계속 일이 일어나는데, 하느님과 친구가 되어 가는 것으로 생각한다. 무엇보다도, 예수님과 관계가 형성되었다. 그리고 어디선가 성령이 나에게 다가와서 나를 치유했을 때가 바로 이런 시간이었다. 성령으로 인한 전환점이었다. 이미지는 한 동굴이었는데 그 동굴의 출입구는 아주 큰 동전이었고 "우리는 하느님을 신뢰한다."고 쓰여 있었다. 그러나 그것은 동굴의 돌벽 같다. 그 안에 내가 있었다. 나는 자전거 바퀴를 망가뜨렸고 자전거의 살은 부러졌다. 몽땅 구부러졌는데, 그건 나 자신이었다…… 나는 동굴 속의 여성으로, 똑똑하지도 못하고, 나의 바퀴와 바큇살 모든

것은 탕탕거리며 떨어졌고, 그리고 망가져 갔다. 예수님에게 보여 주려고 데려 왔다. 예수님은 그것을 보고는 말하길, "네가 알듯이, 이곳에 성령이 필요하다." 나의 성령체험은 물과 불로 인한 치유였다. 내 수레바퀴 살이 부러져서 수리하려는 그런 인내로, 내가 성령의 치유능력을 경험하기 시작했을 때 그 것은 "생명의 샘, 불같은 사랑(Fons Vivus, Ignis Caritas)"이 었다. 여러 번 그것이 다시 부러졌지만, 다시 치유되었다. 타는 듯한 불에 치유되었으며 그런 다음 차가운 샘물 속으로 들어 간다. 이것이 고통스럽지 않지만, 그러나 이것은 실제다. 그런 식으로 어떻게 성령이라는 이름을 갖게 된다. 처음에 나는 오 로지 성령의 불씨로 불렀지만, 불씨로 계속해서 치유되었음을 내가 보았을 때, 그것이 정말로 진실이기 때문에 나는 어떻게 지금 신앙의 불씨가 되는지 말한다.

(30일 피정 기도 안에서) 하느님이 우리에게 무엇을 원하시는 지를 물어보라는 요청을 받았다. 예수님이 말하길, "항상 내가 너와 함께 있으며, 항상 네 옆에 있겠다." 정말 많고도 많은 일 이 30일 피정 중에 일어났다. …… 아주 큰 은총 중 하나는 마 음의 무거운 짐을 덜어버린 것이다. 아버지이신 하느님이 나에 게 오셨고 내가 지고 있었던 …… 나의 원죄, 내가 어떻게 원 죄에서 벗어날 수 있는지를 알 수 없었다. 그가 말하길, "여생 동안 나의 딸에게 힘들게 살게 하지는 않겠다." 피정 전반부에 한 약속이었으며 그것이 이루어졌다. 거기에는 부담감도 없었 으며 왜 이 자아학대가 나를 오랜 시간 동안 물어뜯어 왔는 지에 대해 다른 차원에서 이해되었다. 거기에는 (인간적인) 한 아버지와 관련이 있다. 거기에는 아직도 상처가 깊지만 용서 와 치유가 있었다. …… 그러나 아직도 상처 때문에 나는 힘들 다. 성부, 성자, 성령과의 계약의 시간이 왔다. 그 계약은 물론,

> 내가 지금 대항하고 있다는 것을 아는 것이 원죄였다. 그들은 이 원죄를 극복하도록 나를 자유롭게 내버려 두지 않았던 것이 계약이었다. 나는 틀림없이 함정에 빠졌고 그리고 모든 것이 엉망이 되었다. 그러나 그들은 나를 갈라진 벼랑 틈 속으로 빠뜨리지는 않았다.

그녀의 다음 설명의 부분은 이냐시오의 라 스토르타에서의 비전에 상응한다.

> 친구와 함께 사업을 하면 목표를 두고 일한다. 그들은 회사를 운영하듯이 매달릴 것이다. 그들이 말하길, "우리가 하는 각자의 일은 회사의 귀중한 한 부분이며, 우리는 가족처럼 일한다. 우리는 월급과 승진에 관심 없다는 것을, 너는 알아야 해." 나는 신입사원을 위한 세미나에 참석해야 했다. 그녀의 비전은 성 베드로가 이 세미나를 이끈다. 그는 너에게 모든 것을 이야기한다. 당신은 무엇을 하는지, 회사가 무엇을 기대하는지. 친구의 아이디어와 비교하면, 이것은 전적으로 다른 느낌이며 하느님과 나의 창립자와 함께 그것을 경험한다. 그들이 말하길, "괜찮아, 당신이 우리의 사업(일)을 함께하게 된 것이 우리는 정말 기쁘고, 이것은 정말로 좋은 일이야. …… 네 도움이 우리 회사에 꼭 필요해. 마치 우리가 그것을 스스로 하듯이, 네가 하는 만큼 우리는 너를 신뢰할 거야. 그렇기에 이와 같은 종류의 느낌일 테지." [16]

---

16 허락받은 인터뷰 내용.

21세기 후반기 미국에 천상의 궁전은 없지만, 가족기업은 그 미션을 충분히 신뢰하는 내부자에 의해 이루어진다고 느낀다. 그녀가 하는 모든 것에서 삼위일체의 파트너로 느끼듯이, 도로시는 수도회 창립자가 자신에게 그 수도회를 맡긴다고 느낀다.

   비록 위의 논의는 하느님과의 상호성이란 주제를 기술하고 조명하기 위한 맥락으로서 『영신수련』을 사용하지만, 이 주제는 영적 성장의 성숙한 단계를 묘사하는 것으로 신비적 전통을 통해서 등장한다. 이것이 영적 지도에 대한 우리의 접근에서 그리고 우리의 성찰에서 무시된 주제이기 때문에, 그것을 놓치거나 그것의 출현에 방치하도록 조장하기가 매우 쉽다. 모든 일이 그렇듯이 남녀 모두는 하느님을 향한 성장이 일상적인 삶에서 또는 다른 사람들을 위한 적극적인 봉사에서 일어난다. 그들이 스스로 하느님에 대한 증거를 발견하리라고 영적 지도자들이 기대할 수 있다면, 내담자들에게서 하느님과의 상호성이 발전했다는 미묘한 신호를 더욱 쉽게 인지할 것이다. 만일 지도자로서 우리가 하이데위치의 문구를 써서 "하느님 안에서 완전히 성장해 가는 것이" 하느님과의 상호성을 일으킨다는 것을 이해한다면, 단지 기도 시간이나 피정 기간에 초점을 두지 않고, 일상적인 삶과 관련된 성령체험의 기술에서 그런 상호성의 출현을 예민하게 인지할 것이다.

하느님과의 상호성을 향한 아빌라의 데레사의 성장

   전통 속에서 이런 주제가 많이 발견되었음을 강조하기 위해서, 나는 콘스탄스 피츠제럴드가 아빌라의 데레사에서, 그리고 십자가의 요한의 가르침에서 발견했던 하느님과의 상호성과 평등성의 유사한 경험 분석을 간략히 공유한다. 피츠제럴드는 데레사와 예수님이 서로의 거울이 될 때까지, 데레사의 자기 이미지와 그녀에 대응하는 예수님 이미지 변화에 주목하면서, 데레사의 예수님에 대한 비전의 내용을 분석한다. 피츠제럴드는 문화와 교육의 압박 때문에 데레사의 비전이 조명하고 있고, 또한 요한의 가르침에 따를 때 변모의 후기 단계에서 일어나는 동등성과 상호성에 대한 우리의 인식이 방해 받는다고 주장한다. 요한은 하느님의 욕망은 그 영혼을 고양하고 동등하게 만드는 것이라고 가르쳤다.

> 만일 그를 기쁘게 하는 무엇이 있다면, 그것은 영혼을 고양하는 일이다. 영혼을 그와 동등하게 만드는 것보다 영혼을 고양하는 더 나은 방법은 없기에, 그는 오로지 영혼과 함께 사랑을 나누는 것만으로 기뻐한다. 사랑의 특성은 사랑하는 대상을 사랑하는 사람과 같아지게 만들기 때문이다. 이러한 상태의 영혼은 완전한 사랑을 소유하므로, 하느님의 아들의 신부라고 불리며, 이는 그와 동등함을 의미한다. 이러한 동등성의 친구 관계 안에서 쌍방은 소유를 공동으로 차지한다. 마치 그의 제자들에게 신랑이 그 자신이라고 말하듯이, 나는 지금 너를 나의 친구라고 부른다. 내가 내 아버지에게서 들은 것을 너희에게 모두 알려 주기 때문이다. …… 결과적으로 그들은 하느님의 동료이며, 동등하고, 그리고 참여함으로 진정한 신들(gods)이다.[17]

---

17 "Spiritual Canticle," 28.1, in *The Collected Works of St. John of the Cross*, trans. Kieran Kavanaugh and Otilio Rodriquez(Washington, D.C.: Institute of Carmelite Studies, 1973).

사랑하는 이와 사랑받는 이의 상호성이 신비적 변모의 결과이며, 「영성송가(Spiritual Canticle)」의 중간 부분에서 핵심적인 구조를 이룬다. 데레사의 글과 요한의 글 모두에 이런 평등성과 상호성이 표시되지 않는 구절들, 고통, 거리(distance), 불평등성, 그리고 심지어 여성혐오로 가득한 이미지들을 포함하고 있다. 그럼에도 수많은 강력한 구절들이 영적 여행의 목표가 상호성이라는 것을 분명히 지적한다.

데레사는 분열된 자아를 갖고 그녀의 영적 여정을 시작했다. 그녀의 욕구는 하느님과 인간 사랑에 초점을 두었다. 그러나 예수님의 사랑과 다양한 친구들에 대한 사랑 사이에서 머뭇거렸다. 친구들의 방문이 그녀의 관상생활을 위태롭게 했다. 그녀는 친구들의 방문으로 경쟁하는 사랑과 산만한 사랑을 경험했고, 그녀의 예수와의 일차적 관계로 통합할 수 있기까지 거의 20여 년이 걸렸다. 데레사는 "기도는 단순히 친구들 사이의 친근한 나눔이다. 이는 우리가 이미 알듯이 우리를 사랑하는 하느님과 함께 자주 혼자가 되는 시간을 가진다는 의미"[18]라고 기술했다. 그럼에도 그녀 자신이 버림받았다고 느끼지 않으려고 기도를 자주 포기했다. 점차 그녀는 예수님만이 그녀의 가장 깊은 욕망을 채워 준다는 것과 이런 하느님과 인간 사랑과의 조화 속에서 인간의 우정을 선물로 준다는 것을 발견해 갔다.

데레사의 비전 분석에서, 데레사의 감정이 분열되고 갈등을 겪는 동안에 "그리스도의 손"이라는 이미지는 불균등함을 보여 준다

---

18 Life, 8.5. in *The Collected Works of Teresa of Avila*, trans. Kieran Kavanaugh and Otilio Rodriguez, 3 vols. (Washington, D.C.: Institute of Carmelite Studies, 1976~85).

고 피츠제럴드는 주장한다. 한 비전에서 예수는 병과 실패로부터 그녀를 일으켜 세운다. 그녀가 그를 버림에도 불구하고, 예수님은 그녀를 버리지 않음을 그녀는 발견한다. 또 다른 비전에서, 예수님의 뻗친 손은 강함, 힘, 권위, 우월성을 의미한다.

> 주님, 그토록 완벽하게 당신을 포기한다는 것은 있을 수 없습니다. 내가 수없이 당신을 저버린 이래로 나는 두려울 수밖에 없었어요. 나에게서 조금씩 당신이 멀어질 때, 나는 땅바닥에 쓰러졌기 때문이지요. 비록 내가 당신을 저버렸어도, 당신은 나를 완전히 버리지 않으시고 나를 당신 손으로 항상 감싸주어서 나를 일으켜 주었어요.[19]

그녀의 초기 비전들 가운데 하나에서, 그녀는 한 친구와 함께 있는데, 데레사는 이 관계를 분명히 인정하지 않고 엄격하게 쳐다보는 그리스도를 보았다. 나중에 가서, 데레사의 우정이 그녀의 관상적 삶을 더 이상 방해하지 않았을 때, 비로소 그녀의 손과 그리스도의 손은 상호성 안에서 결합한다.

비록 데레사가 기도에서 머뭇거리길 계속했지만, 그녀는 비전 속에서 홀로 괴로워하며 갈구하는 "상처받은 그리스도"를 보았다. 그녀가 고통받는 가난한 그리스도를 관상함에 따라, 그녀는 자신의 삶에 점차로 널리 퍼지는 사랑, 친절함, 하느님의 현존을 경험하기 시작한다. 이러한 관점에서, 그녀는 하느님의 손에 그녀 자신을 맡겼다. 그녀의 우정 관계에서 그녀의 갈등을 그녀의 첫 번째 말투에

---

[19] Ibid., 7.1.

서 확인한다. 그녀의 첫 번째 말투는 그녀의 우정과의 충돌을 확증한다. "나는 네가 더 이상 사람들이 아니라 천사들과 사귀기를 원한다."라고 예수님이 말한다.[20] 비록 갈등이 없지는 않았지만, 이런 어법의 힘이 데레사가 결정적으로 예수님을 선택할 수 있게 하였다. 그녀는 점차 자신의 애정의 중심을 성령의 현존과 인도로 변환해갔다. 그녀는 다음과 같이 보고했다, "…… 나는 하느님 사랑을 이해하고 하느님께 봉사하려 애쓰는 것 이외에 다른 사람들에게서 특별한 사랑을 갈구하거나 위안을 찾으려는 어떤 우정에도 다시는 자신을 붙들어 매어 두지 않았다."[21]

특히 그녀의 영적 지도 경험이 언제나 특별하게 도움이 되지 않았기 때문에, 이런 예수와의 우정으로의 성장은 길고도 혼란스러운 여정이었다. 아래의 구절은 그녀가 자신의 가장 참된 친구로서 예수를 발견하는 시행착오 과정을 반영한다.

> 오, 나의 주여, 당신이 어떻게 나의 진정한 친구가 될 수 있나요? …… 당신을 위해 누가 외칠 수 있을까요. 당신이 친구들에게 얼마나 충실한 분인지. 모든 것이 실패라고 해도, 모든 것의 주님이신 당신에게 실패란 없습니다. 나의 주님, 어느 누가, 제 영혼이 이해하는 그만큼, 당신 하신 일들을 이해하고 알며, 그것들을 찬양할 새로운 언어를 지니고 있을까요? 모든 것이 나를 실망하게 하지만 …… 당신이 나를 저버리지 않으

---

20 Ibid., 24.5.
21 Ibid., 24.6.

신다면 나는 당신을 저버리지 않을 거예요."[22]

자신에게 이렇게 힘을 주는 이 친밀한 친구와의 신뢰와 확신이 계속해서 자라났기에, 그리스도는 그녀의 교사가 되었다. 그녀에게 가장 큰 도움을 주었던 책들이 종교재판에서 태워지고 금서목록에 올랐을 때, 그녀는 예수님에게 불평했는데, 예수님은 그녀에게 나타나서 약속하였다. "나는 너에게 살아 있는 책이다."[23] 그녀는 예수님이 그녀 곁에 있음을 계속해서 느끼고 깊은 상호성을 체험하며 그들 사이에 공감이 흐른다. "주님은 영혼에게 알리고자 하는 바를 영혼 안에 아주 깊숙이 불어넣는데, 거기서 이미지나 마땅한 표현이 없어도 그것을 알게 한다. …… 하느님께서 영혼이 당신의 갈망과 위대한 진리를 그리고 신비를 알아듣게 해주시는 이런 방식은 세심하게 주목할 만한 가치가 있다."[24]

그녀에게는 배우지 못한 열등감이 있었지만, "지혜로운 것을 즉시 영혼이 알아본다"는 것을 발견했고, 그녀는 내적 지혜와 확신으로 가득 찼다. 예수님이 데레사를 거울에 비춰 보기 시작했다. 그녀는 예수님 안에서 그녀 자신을 보았고 자신에게서 그를(그의 지혜를) 보았다. 데레사는 독립적으로 성장했으며 동시에 더욱 예수님에 대한 애정에 더 깊게 결속되었다. "주님은 그의 손만을 내게 보여 주는데 그것은 너무나 아름다웠다. …… 며칠 이후에 나는 신성한 얼굴도 보았는데 그 얼굴을 나를 완전히 흡수한 채 놓아둔 것 같았다.

---

22 Ibid., 25.17~19.
23 Ibid., 26.5.
24 Ibid., 27.6.

나중에야 예수님이 그 자신을 완전히 보는 은총을 허락했는데, 나는 왜 주님이 자신을 내게 보여 주는지 그 이유를 이해할 수가 없었다."[25]

예수님의 손은 이제 데레사에게 속하고 그녀의 신뢰를 초대한다. 그것들은 그녀의 필요(약함)에 따라 그녀를 인도한다. 얼굴의 이미지 역시 너무나 강력하다. 다른 이들의 사랑 어린 얼굴은 우리 모습을 반영해 주어, 우리 자신을 보고 실제로 느끼고 응답하게 돕는다. 나중에 예수님의 얼굴을 통해서 데레사는 자신의 숭고한 존엄성을 어렴풋이 알아보게 될 것이다.

데레사는 그녀의 영적 지도자들이 상호성을 향한 이런 발전에 저항했기 때문에 의심과 혼란의 시기를 겪었다. 하지만 그녀의 하느님과의 결합은 결국 친밀감과 열정의 다른 단계에 도달했다. 사랑의 화살 같은 열정의 천사라는 시각적 이미지를 통해서 이것이 표현되었는데, 이는 그녀에게 "하느님을 향한 위대한 사랑으로 모두 불태우게 한다."[26] 데레사의 하느님에 대한 갈망은 그로써 더 깊어진다. 이 비전은 그녀의 사랑을 활기차게 하는데, 이것이 그녀가 고유한 사명에 기여하도록 하는 무한한 영적 에너지가 되었다. 그녀 자신의 심장이 관통되어 부서져 열리면서 하느님이 그녀를 당신의 것으로 요구하시고, 그녀는 온전하게 하느님을 선택했다.

시간 속에서 이런 움직임이 전개됨에 따라, 데레사는 하느님과의 친밀성을 발전시켰고, 예수님과의 동반자 관계는 안정되었다. "종

---

25 Ibid., 28.1.
26 Ibid., 29.10.

종 내가 뭘 말하는지 알지 못한 채로 행동하는 바보 같은 방식으로 나는 주님께 말 걸기를 시작했다. 그때 말하는 것이 사랑이다. 그리고 …… 나는 영혼의 이동이 그것과 하느님 간에 차이가 있는지 알지 못한다."고 그녀는 말한다.[27] 그녀와 예수님이 점차 서로의 일부가 되고 있다. 데레사가 하느님의 연인들과 여타 개혁자들과의 우정과 중재에 들어감에 따라, 그녀는 이 위대한 사랑의 한 부분으로 그녀의 인간적 사랑을 발견한다. "나는 일어나는 일에 대해 커다란 행복을 보여 주는 놀라운 위엄과 영광에 싸인 그리스도를 보았다. 그렇기 때문에 그는 내게 말했고, 그가 이와 같은 대화에서 항상 현존한다는 것, 그리고 그에 대한 이야기에서 사람들이 기뻐할 때 얼마나 그가 즐거운지 분명하게 내가 알기를 원했다"고 그녀는 말한다.[28] 그녀는 더 이상 내적으로 분열되지 않는다. 그녀의 비전은 만족스러운 그리스도의 얼굴을 통해서 일치를 표현한다.

『Life』라는 책에서 그녀가 기술한 마지막 말이 데레사가 하느님과의 상호성으로 성장함을 조명해 주는 최종 버전이다. "데레사의 글 전체에서 이와 같은 이미지만큼 나를 전율시키는 비전은 없다"고 콘스탄스 피츠제럴드는 말한다.[29] 그녀는 완벽한 반영, 그리스도의 거울이 된다. 그리스도 이미지는 이제 그녀 자신의 영혼 안에서 완전하게 형성된다.

---

27 Ibid., 34.8.3.
28 Ibid., 34.17.
29 FitzGerald, "A Discipleship of Equals," 83. 나는 전체 섹션을 통해서 Constance FitzGerald의 훌륭한 분석에 경의를 표한다.

> (내 영혼은) 뒤도, 옆에도, 위에도, 아래에도, 어떠한 흠 없이 아주 깨끗한 거울 같다. 우리의 주님인 그리스도가 나에게는 중심으로 보인다. …… 비록 거울을 보듯이, 영혼 각 부분에서 명확하게 나는 그를 본다. 이 거울 역시 …… 나는 어떻게 묘사할 줄 모르는 사랑의 대화 수단에 의해서 주님 자신이 완벽하게 새겨졌다.[30]

데레사의 영적 성장을 통해서, 그녀의 그리스도 이미지와 자아 이미지가 서로에게 어떻게 연관되어 있는지 모두 이 구절들에서 명확하게 보여 준다. 그것들은 또한 데레사가 이해하는 영적 여행의 목표 또는 조건을 분명하게 드러낸다. 우리 각자는 이냐시오가 그랬듯이 "그리스도와 한자리에 있게" 되거나, 혹은 데레사의 이미지에서 최종적인 영적 결혼에 이르러 모든 것을 공유하도록 이끄는, 우정, 얼굴, 손, 그리고 거울에 관해 기술하는 바와 동일한 친밀감과 상호성을 경험하도록 마련되어 있다.[31]

그리스도교 전통에서 몇몇 중요한 신비주의자들에 대한 이러한 간단한 암시마저도 성숙한 영적 삶의 특징인 하느님과의 상호성이 얼마나 중요하고, 널리 퍼져 있는지 보여 준다. 또한 우리 가운데 대

---

30 *Life*, 40.5.
31 역설적으로, 데레사의 『*Life*』라는 책이 종교재판중에 있을 때 데레사는 영적 혼인을 경험하였다.

부분은 이것이 그렇다는 것을 인정하지도 않았고, 우리의 영적 지도에서 그것을 기대하지도 않았다. 비록 무시된 주제지만, 하느님 이미지와 우리 자신에 대한 의식 변화는 하느님과의 상호성이 이 시대에 훨씬 보편적인 경험이 된다.

많은 영적 지도자 중 아주 소수만이 신비적 발전의 후기 단계에 근접해 있다고 생각한다. 어쩌면 그 수가 보통 신자들의 숫자에 비해서 상대적으로 적다고 해도, 나는 이런 발전이 하느님과 기도의 실천에 자신을 진지하게 바쳐왔던 남성과 여성 사이에서 그다지 드문 일이라고는 생각하지 않는다. 여러 해 동안 꾸준히 영적 지도를 추구해온 이들이 이런 발전을 경험하는 사람들일 것이다. 바라건대, 이 주제에 대해서 더 확장되고 상세한 논의로 영적 지도자들에게 새로운 가능성이 창조되길 희망한다. 상호성이 나타나는 것을 인정하고 지지함으로써, 지도자들은 이런 상호성이 생겨나기 시작하는 내담자들을 보조하는 데 더 도움이 될 수 있다.

이 장은 남성과 여성 모두의 경험사례들을 포함하고 있다. 이냐시오의 라 스트로타에서의 비전, 윌리엄의 사랑의 중심성에 대한 감각, 도로시의 피정 담화에서 서로의 씻겨줌, 혹은 하이데위치의 "사랑하는 이와 사랑받는 이가 서로를 통해 완전히 흐르는 비옥한 땅"에 대한 대담한 진술과 같은 예들은, 그것들이 사람들의 삶 안에서 발생하는 만큼 하느님과의 상호성의 성별에 따른 특성을 구체적으로 보여 준다. 지도자로서 우리가 사람들의 기도 체험에 동반하면서 사용했던 언어와 확인한 경험으로 하느님의 상호성을 불러일으킨다면 어떠한 변화가 있을 수 있을까?

성찰 과제

- 당신 또는 당신의 내담자의 경험 속에 일어났던 하느님/예수님과의 상호성의 다른 이미지들이 있는가? 또는 어떤 것들이 있는가?

- 만일 당신이 당신의 기도나 내담자의 자기 경험에 대한 설명에서 이런 주제에 더 주의를 기울인다면, 그 결과는 무엇이고 당신은 그것들에 대해 어떻게 느낄 것인가?

- 어떤 것들이 당신에게 하느님과의 상호성에 관련하여 관계적 동등함인가?

- 자연의 이미지들이 하느님이 누구인지에 대한 당신의 감각을 확장시킬 수 있는가?

- 당신은 이런 이미지들이 내담자들의 경험 안에서 자연스럽게 떠오르도록 허용하며, 함께 그것들을 탐구하고, 집중적인 주의를 기울이고, 그 이미지들이 확장되도록 허용하는 데 자유로운가?

- 당신은 내담자의 기술에 의해 암시된 상관적인 자아/하느님 이미지들에 지도자로서 깨어 있는가?

- 친밀감과 상호성의 발전을 막는 하느님의 이미지들을 치유할 수 있는 교정적인 영신수련은 무엇인가?

"가정법적 관계":
영적 지도에서 전이와 역전이

• • •

　영적 지도자들은 영적 지도 관계에서 어떻게 전이와 역전이가 기능하는지에 대해 수많은 상이한 가설을 만들어 왔다. 전이는 무의식적 투사(이는 아래에서 더 충분하게 기술될 것이다)의 특수한 타입이다. 무의식적 전이 과정의 자각은 정신분석학 심리학에서 다룬다. 정신분석학에서, 전이와 역전이의 이중현상은 치료 관계에서 분석과 통찰의 초점이다. 그래서 치료자는 그것이 발생하면 전이를 인지하기 위해 주의를 기울이고 치료 과정에서 거기에 직접적인 초점을 맞춘다. 이런 강력한 무의식적 반응을 직접 다루는 것은 폭넓은 훈련과 지속적인 슈퍼비전을 요구한다.

　영적 지도가 지도자와 내담자 사이의 관계보다는 내담자의 하느님과의 관계에 특히 초점을 맞추기 때문에, 영적 지도자들은 직접

전이에 연루되는 것을 피한다. 심지어 많은 영적 지도자들은 지도에서 전이가 일어나지 않을 뿐더러 의미 있는 역할도 하지 않는다고 간주한다. 여기에는 두 가지 이유가 있다. 전형적으로, 영적 지도자는 치료사나 상담사와 만나는 것보다 (전형적으로 3주 또는 4주에 한 번 만나는 것에 비해 일주일에 한 번 또는 좀 더 자주 만나는 면담)[1] 내담자와 덜 만난다. 그리고 오늘날 영적 지도자들은 이런 현상이 지도자와 내담자 관계에서 발생하는지에 대한 의견에서도 상이하다. 이는 그들 각각의 훈련 수준에서 어떻게 개별적 지도자들이 그들의 영적 지도 세션에서 이런 역학을 다룰 것인지에 관련해 그 이상의 문제를 제기한다.

    이 장은 전이와 역전이의 몇 가지 정의와 설명을 제공하고, 이러한 역학을 인지하는 것과 각기 대응하는 윤리적 함축을 이해관계를 탐구하여 영적 지도의 특수한 전이를 규명하고, 영적 지도자들이 내담자의 전이에 대해 대응할 수 있는 몇 가지 방식들을 추천한다. 이런 소재는 대개 영적 지도자들에게 더 큰 관심을 받을 것 같지만, 어떤 내담자에게는 이런저런 영적 지도 관계에서 발생할 수 있었던 혼란스러운 경험들을 성찰하는 데 도움이 될 수도 있다.

---

1 Gerald May, *Care of Mind/Care of Spirit*(San Francisco: Harper, 1992), ch. 6, 103ff. and William Barry and William Connolly, *The Practice of Spiritual Direction*(Mahwah, N.J.: Paulist Press, 1982), ch. 10, 이 같은 토론을 위함.

전이

그렇다면, 무엇이 전이인가? 전이를 정의하는 각기 다른 방식에 따라 전이의 두 가지 형태가 있다. 가벼운 유형의 전이인 병렬왜곡은 사전에 관계를 맺어 왔던 유형들에 기초한 투사이며, 모든 인간 관계의 한 국면이다. 하지만 임상학적 의미에서 이해하는 전이는 한 사람이 다른 사람에게 그 다른 사람이 "마치 실제 그 사람의 부모이거나 먼 과거의 다른 누군가인 것처럼" 반응하는 것을 말하고, 관계에서 시간을 거치면서 발전한다. 두 가지 역학 모두가 영적 지도에서 규칙적으로 발생한다.

병렬왜곡

우리의 관계 속에 어떤 왜곡된 유형에 우리가 모두 동조하는 것을 지적하는 용어인 '병렬왜곡(parataxic distortion)'은 정신분석가인 헤리스텍 설리반이 발전시켰다. 투사와 왜곡은 치료의 맥락에만 제한되지 않는다. 심리치료사인 제럴드 메이는 병렬왜곡을 "어떤 특성을 가진 사람들에게 관계하는 사전에 결정된 패턴"[2]이라고 정의한다. 예를 들면, 우리 중 많은 사람이 이전 경험을 바탕으로 뚱뚱하거나 키가 크거나, 장애가 있거나, 남성이나 여성인 사람에게 반응한다. 메이는 이러한 종류의 왜곡을 예전의 경험에 의한 태도들과 기억들을 회상해 내어 한 개인의 외적 속성에 대해 반응을 일으키는, 편견의 한 형태로 취급한다. 영적 지도 관계를 포함해 모든 관계

---

2 May, *Care of Mind/Care of Spirit*, 126.

에서 이 같은 왜곡을 허용하기 쉽다.

병렬왜곡의 매우 일상적인 경험은 우리가 잘 아는 다른 누군가를 특별한 방식으로 생각나게 하는 누군가를 만났을 때 발생한다. 보통 우리는 그런 반응을 아주 빨리 자각하게 되며 이로써 새로운 사람을 알게 되기까지 그들을 관찰(monitor)할 수 있다. 이런 자각이 우리가 그/그녀를 예전에 잘 알았던 사람처럼 여기며 행동하는 것을 막아줄 수 있다. 그 개인의 고유함과 역사에 더 친숙해짐으로써, 그 왜곡은 보통 저절로 해소된다.

영적 지도의 첫 번째 인터뷰에서 그런 왜곡이 자주 발생한다. 서로에게 첫인상은 관계에 도움을 주거나 방해가 될 수 있다. 만일 내담자가 이전에 영적 지도를 받은 경험이 있다면, 지도자는 그에 대해 뭔가 알아두는 편이 때로는 큰 도움이 된다. 내담자는 그들의 예전 영적 지도의 경험에 기초한 태도, 느낌, 기대의 구조를 즐겨 대화로 가져온다. 내담자가 "마치 예전의 지도자에게 하던 것처럼" 당신에게 행동한다면, 당신은 이런 유형의 전이를 느끼기 시작할 것이다. 당신이 내담자의 기대에 맞추는 데 실패한다면 내담자에게서 진행되는 왜곡이 드러날 것이다. 이런 기대들은 신체언어, 내담자가 당신을 보는 (혹은 보지 않는) 방식, 다른 표현, 이상적(理想的) 투사 또는 즉흥적 비판에 의해서나, 혹은 당신은 전혀 그런 생각을 하지 않는데 내담자가 "당신은 아마도 내가 바보 같다고, 미쳤다고, 나쁘다고 생각할 것이다." 같은 이야기를 할 때 종종 드러난다. 전이가 일어날 때, 지도자로서 거짓 없는 자기 자신으로 존재하거나, 내담자와 함께 할 때 있는 그대로 모습을 보여 주는 것이 이러한 반응들을 최소화하도록 돕는다.

역으로 지도자들이 특수한 프로필을 가진 내담자에게 이와 동일한 그릇된 가정을 할 수 있다. 지도자에게 새로운 내담자의 표정, 생활환경, 직업, 성별, 나이, 인종, 성적 경향, 체격, 신체적 결함이나 질병, 또는 특별한 재능은 아마도 모두 편견이나 지난 경험에 근거한 전형적인 반응들을 불러일으킨다. 그들이 자신을 드러낼 때까지 내담자에 대해 아는 것이 아무것도 없다고 가정하는 것이 도움이 될 것이다. 내담자의 개인 이야기의 고유한 영역을 들음으로써, 이전의 경험에 기초한 선입견을 버리고 지도자가 현재 있는 그대로의 내담자를 만날 수 있게 된다.

전이

심리치료사이며 영적 지도자인 제럴드 메이에 따르면, "전이는 심리치료에서 환자가 무의식적으로 환자의 아버지나 어머니 혹은 어린 시절에 귀중한 사람에게 영향받은 성질과 속성들을 치료자에게 투사하고 나서 마치 치료자가 그 사람인 것처럼 행동하게 되는 특수한 상황을 지칭한다."[3] 더 가벼운 병렬왜곡의 형태로, 전이의 지속적 발생이 영적 지도 관계에서 일어난다. 내담자의 전이는 영적 지도 과정 동안 점차 일어나는데, 보통은 권위 있는 부모와의 이전의 관계의 결과일 뿐이다.

영적 지도 관계에 누구나 풀리지 않은 감정적 갈등을 갖고 와서, 이런 새로운 환경에서 그것들을 다시 재현하기 쉽다. 내담자가 그들의 지도자들에 대해 생각하거나 느끼는 것에 마음을 빼앗겨 그

---

3 Ibid.

들의 자기현시와 자기폐쇄를 그런 지각 위에 기초해 행동할 때마다 전이가 진행된다. 내담자는 지도자가 "마치 과거의 누군가인 것처럼" 행동하기 시작한다. 한 가지 예가 도움을 줄 것이다.

젊은, 남성 동성애 내담자가 피정 중에 다른 내담자와 관계를 발전시킨다. 두 남성은 같은 지도자에게서 피정 안내를 받는다. 한 내담자가 이러한 관계의 발전에 대해서 그리고 그의 종교적 경험과 관련해 이것이 의미 있는 것이라고 이야기한다. 다른 내담자는 그의 기도에 대해 나누면서도 그런 관계에 대한 어떤 언급도 피한다. 지도자는 두 번째 내담자가 얼버무리고 있고, 아마도 의식적으로 속이려 한다고 느낀다. 그 결과 이 내담자의 이야기에는 에너지와 구체성이 결여되어, 기도의 역동성이 어딘지 피상적이고 내담자와 단절된 듯이 보인다. 지도자가 이 내담자에게 무엇이 일어났는가 물어볼 때, 그는 "아, 나는 대화에 동성애 관계를 언급하려 할 때마다 영적 지도자에 대한 좋은 기억이 정말로 없어요." 라고 말한다. 그리고 나서 피정 동안에 경험한 다른 지도자의 두 가지 매우 부정적인 경험을 상술해간다.

두 내담자 모두가 지도자를 알고 신뢰한다. 하지만 그들의 경험 때문에 (다른 지도자뿐만 아니라 지금의 지도자에 대한), 그들은 지도자에게서 매우 다른 반응들을 기대한다. 그들은 각자의 긍정적이거나 부정적인 기대들을 '전이'한다. 첫 번째 내담자는 피정 내용과 관계의 과정을 통해서 그와 함께해 주고 이 경험에 대해 아무런 판단 없이 받아들이는 지도자를 기대한다. 두 번째 내담자는 과거의

권위로부터 상처받아 자기방어적이며, 그녀가 초대할 때까지 지도자에게 그의 경험을 믿고 털어놓을 수 없다. 부정적 전이는 지도자가 "무슨 일이 벌어지는 것이지? 왜 두 번째 사람의 경험에 공감하지 못할까?"라고 당혹감을 느낄 만큼 영향력을 갖는다. 첫 번째 내담자의 긍정적 전이로부터, 내담자가 자기 경험을 지도자에게 털어놓고자 하는 원의에서 차이가 나는 근거가 십중팔구 이런 내담자에 대한 지도자의 개인적 반응이 아님을 알 수 있다. 만일 지도자가 무의식적으로 동성애자 혐오증이라면, 내담자는 경험을 들려 주지도 않았을 것이다.

이 예는 분명하게 지도자에게 많은 감정적 반응을 유도해 낸다. 두 번째 내담자의 경우에, 그의 동성애적 성향과 관계상에서 풀리지 않은 이슈들이 인정에서부터 도덕적 비난에 이르기까지 모든 것을 불러일으킬 수도 있다. 그의 이슈는 감정이입, 공감, 동일시, 혹은 성적 관심의 느낌들을 전면화할 수 있다. 또 다른 지도자에게는 이 두 남자가 그들의 일차적 관계의 초점을 하느님과의 관계에 두지 않고 서로에 대한 관계를 언급하며 조용한 피정의 중요한 시간을 써버렸다는 사실로 분노, 불인정, 실망 등을 불러일으킬 수도 있다. 이런 상황과 이들 내담자 각자에 대하여, 피정 지도자의 어떤 반응이 두 남자 모두에게 피정을 풍부하게 하고 그들의 성장과 발전을 강화해 줄 것인가?

역전이

이 복잡한 예화에 대해서 더 토의하려면, 역전이를 정의하고 기술하는 것이 필요하다. 영적 지도에서, 역전이는 내담자에 대한 지도자의 전이 반응을 가리킨다. 심리학자인 로버트 윅스 교수는 역전이를 "사람의 현실적 행동, 전이, 그리고 도움 주는 사람과 세상과의 일반적 관계에 대한 비현실적인 반응이다. 역전이는 일차적으로 도움을 주었던 사람의 과거에 있었던 중요한 관계에서 비롯되며, 기본적으로 내담자보다는 자신의 필요를 채우게 하는 것"이라고 말한다.[4] 윅스의 말에 따르면 역전이는 과장이나 왜곡의 요소를 포함하고 있고 보통 반응에 무의식적 측면이 있다는 의미에서 비현실적임을 암시한다.

더욱이 역전이는 내담자에 의해 끌어내어지며 상호 교환적이다.[5] 우리의 자아 이미지와 우리의 하느님 이미지가 상관적이듯이, 전이/역전이 반응 또한 그렇다. 내담자는 지도자가 일차적 전이에 대응하는 역할을 해주길 요구한다. 예를 들면, 만일 내담자가 아이처럼 행동한다면, 그는 부모의 어떤 반응을 끌어내려는 것이다. 만일 내담자가 아첨하면, 우리 역시 그 아첨을 되돌려 주길 바라는 것일 수 있는데, 이는 발견하기 어렵기 때문에 연루될 수 있다. 만일 우리가 성찰 없이 내담자의 무의식적 기대에 반응한다면, 내담자의

---

[4] Robert Wicks, "Countertransference in Spiritual Direction" in *Human Development* 6(Fall 1985): 13.

[5] 나는 전이에 관한 통찰력을 버버리 머스그레이브 박사(Dr. Beverly Musgrave)로부터 1999년 봄 포담대학교 실습과제 발표에서 도움을 받았다.

필요보다 십중팔구 우리 자신의 필요에 봉사하게 될 것이다.

위 예에서, 지도자는 두 번째 내담자의 전이에 대해 두려움을 느꼈다. 만일 지도자가 영적 내담자의 관점에서 무엇이 일어나는지 조사하지 않거나 의문을 제기하지 않는다면, 지도자는 역전이에 사로잡혔을 수 있다. 그녀는 자신의 내담자에게 도움이 되기에는 너무 많은 의혹이나 분노를 쌓았을 것이고, 내담자가 자기를 표현하는 능력을 막았을 수 있다. 지도자가 피정 중에 가장 중요한 사건이 무엇인가에 대해 내담자에게 궁금할 때, 내담자는 이전의 다른 지도자와의 부정적 경험뿐 아니라 권위 측면에서 더 깊은 문제를 드러내는 이야기를 했다. 그는 이같이 말했다. "좋은 평판이 있었던 지도자와의 지난 경험들은 너무도 비참했다. 당신은 내가 동성애 이슈를 제기할 것이라고 생각하는가? 결국 당신은 영적 지도에서 권위자다!" 이러한 언급은 지도자가 자신이 인식하는 권위와 내담자가 지도자에게 과도하게 부여한 권위의 수준 사이에 불일치가 있음을 지도자에게 드러냈다. 그러한 자각을 갖고서, 지도자는 내담자가 끌어낸 느낌에 기초한 반응을 피했고, 대신 내담자를 그의 경험, 그 자신의 권위, 하느님과 진행 중인 그의 관계에 집중하게 하였다. 갑자기 내담자는 피정 과정에서 다시 온전하게 되었다.[6] 그는 더 이상 그의

---

6 In "A Psychiatrist's View of Transference and Countertransference in the Pastoral Relationship"(*The Journal of Pastoral Care* [Spring 1989]: 41ff.), 스와르츠(Richard S. Schwartz)는 세 가지 의미를 포함하는 역전이에 대한 논문에서 강조한다: 내담자에 대한 지도자의 전이, 내담자의 전이에 지도자의 무의식적 반응, 그리고 내담자에 대한 모든 지도자의 감정적 반응. 스와르츠에 따르면, 모든 사목자들의 반응을 포함시키면 너무 폭넓은 도움이라는 정의를 만든다. 하여튼 내가 이 세 가지 반응들을 고수하는 이유

지도자가 마치 이전에 그에게 어려움을 주었던 권위주의자들 중 한 사람에게 했던 것처럼 행동하지 않았다.

심리학자인 마이클 카바나흐는 카운슬링 관계의 맥락에서, "모든 전이 반응들은 저항의 성질을 갖는다. 사람들이 카운슬러를 사랑하거나 증오하는 데 시간과 에너지를 쓰는 한, 그들은 상호 간 합의한 목표를 향해 나아가는 것이 아니다."[7] 이것이 역시 진정한 의미의 영적 지도다. 내담자의 하느님과의 관계를 대신하여, 지도자와 내담자 간의 관계가 내담자를 사로잡거나 지도적인(direction) 대화의 초점이 될 때, 영적 지도의 전체 과정은 탈선할 수 있다. 영적 지도자는 내담자와 그들 자신에게서 일어나는 전이 현상에 대해 자각할 필요가 있는 한편, 또한 내담자의 모든 반응과 모든 갈등이 생기는 것이 전이가 아니라는 것도 기억할 필요가 있다. 많은 반응과 갈등들은 완전히 현실에 기초한 것으로써, 우리의 실수나 성공이 적절하게 부정적 혹은 긍정적 반응을 일으킨다.

지도자가 전이 현상을 놓치는 이유

지난 15년간 영적 지도자의 인턴과정에서 슈퍼바이저를 한 나

는, 한 사람의 내담자에게 도움을 주기 위해서 중요한 감정적 정보를 어떻게 언제 사용할지를 배우려는 개인적 또는 그룹 슈퍼비전은 지도자의 탐구를 위한 중요한 자료다.

7 Michael E. Cavanaugh, *The Counseling Experience: A Theoretical and Practical Approach*(Monterey: Brooks/Cole, 1982), 130ff.

의 경험으로 영적 지도자들이 전이적 반응에 주의를 기울이지 못하는 것이 내담자에게 얼마나 해가 되는지를 잘 알고 있다. 영적 지도 초보자들은, 솔직히 그들의 경험 부족으로 내담자에 대한 전문적인 책임성을 인지하지 못할 수 있다. 세 가지 이유에서 이러한 실패가 일어난다: 영적 지도를 영성적인 친구 관계로만 집착; 영적 지도계 안에서 권력(힘)의 차이를 부적절하게 인식; 그리고 전이와 역전이를 다루고 인식하는 데 있어서 기술 부족이다.

영적 지도의 영성적 친구 관계 모델

영성적 친구 관계로 지도의 모델을 삼는 영적 지도자는 이런 성스러운 관계에서 가정하는 책임성의 수준을 극적으로 폄하할 수가 있다. 사실상 그리스도교 전통에는 완전히 상호적인 영적 우정의 귀한 사례들이 있지만, 그것은 상대적으로 드문 경우다. 영적 우정과 닮은 점이 있지만, 본성상 영적 지도는 보통 완전히 상호적이거나 동등한 관계가 아니다.[8] 영적 지도의 관계는 영적 지도를 찾는 사람의 영적 행복에 기여하는 암묵적이거나 명시적인 서약을 수반한다. 그러므로 영적 지도자가 이런 사목활동에 대한 윤리적 책임을 떠맡을 것을 요구하기 때문에, 이는 사목적 관계다.

권위 차이에 대한 자각의 결핍

최근의 여러 저술가는 이 관계(영적 지도)에서 권위 차이에 기초

---

8 "Spiritual Direction: An Instance of Christian Friendship or a Therapeutic Relationship?" in *Studia Mystica* 12(Spring 1989): 64~73.

한 윤리적 책임성을 제기한다.[9] 심리학자 도나 마크함과 심리치료사 프랜 렙카는 사목적 관계에서 감정적으로 다치기 쉬운 수많은 사례를 밝힌다.[10] 지도자와 내담자 간의 역할 차이 탓에, 내담자들이 더 상처받을 수 있다. 그들은 지도자들에게 그들의 종교적 경험과 삶에 대한 내밀한 세부사항들을 드러낸다. 하지만 지도자들은 같은 수준으로 자신을 드러내지는 않는다.

권위 차이의 여타 원천들은 자원의 상대적 균형을 포함한다. 이 관계에서 누가 영적인 삶에 더 큰 지식과 경험을 갖는가? 그 관계에서 누가 빈약함과 압박의 짐을 지는가? 그 관계에서 누가 고통, 취약함, 혹은 위기의 시기에 있는가? 그 관계에서 누가 후원, 공동체, 가족이라는 더 큰 사회적 자원이 있는가? 그 관계에서 누가 건강, 능력, 체격이 힘의 견지에서 보았을 때 더 큰 신체적 자원이 있는가? 물론 이 목록이 완전한 것은 아니다. 때로는 영적 지도자 역시 삶의 어떤 영역은 쉽게 상처받을 수 있는데, 개인적 결핍 때문에 관계에서 권력을 남용하면 내담자의 표현이 더욱 민감해질 수 있다.

감정적으로 상처받기 쉬운 사람이 사목적 신분을 가진 사람에게 의탁할 때, 후자는 적절한 경계를 두면서 더 상처받기 쉬운 사람에게 해가 되는 걸 막을 윤리적 책임이 있다. 경계 위반은 사목자인 사람이 어떻게 더 취약한 사람의 전이가 그에게 영향을 주었는지를

9　Richard M. Gula, *Ethics in Pastoral Ministry*(Mahwah, N.J.: Paulist Press, 1996). 이러한 주제들은 토론에 큰 도움을 준다. 참고로 Paul B. Macke, "Boundaries in Ministerial Relationships" in *Human Development* 14(Spring 1993): 23~25.

10　Donna J. Markham and Fran Repka, "Personal Development and Boundaries Shape Ministry" in *Human Development*(Spring 1997): 33~45.

인지하고 성찰하는 데 실패하기 때문에 종종 발생한다. 전이와 역전이의 자각을 통해 사목 관계에서 권한의 차이를 잘 유지할 수 있다. 영적 지도자로서 우리의 윤리적 책임에 전이를 잘 다루는 것도 포함한다.

전이를 다루는 데 요구되는 기술

전이와 역전이를 다루는 데에는 매우 발전된 상호 인격적인 기술(skill)이 요구된다. 전이 반응의 자각은 내담자에게서 환기되는 느낌들을 인지하고 그 정보에 기초해 그들이 어떻게 행동할지를 판단하는 영적 지도자의 능력에 기초해 있다.

초보 영적 지도자들은 보통 전이에서 진행되는 부지불식간의 의사소통을 추적할 수 있을 만큼 빠르게 내담자가 표현하는 내용을 처리할 수가 없다. 보통 경험 있는 슈퍼바이저는 유용한 정보를 훑는 데 더 노련한데, 이는 지도자에게 일어나는 상호 반응에서 이용할 수 있는 정보다. 슈퍼바이저 세션에서 지도자들은 그들의 느낌들을 자유롭게 탐구하고 표현하며, 내담자가 제기하는 이슈들을 탐구하기 위해 이런 정보를 어떻게 이용할 수 있을지를 발견한다. 내담자의 전이를 직접 접하고 해석하는 것은 보편적으로 카운슬링에서 전문적 훈련을 요구한다. 관리 감독과 심리 상담을 통해서 영적 지도자들은 전이를 다루는 것을 배우고, 거기에서 얻은 정보를 전문적 훈련의 개인적 수준과 영적 지도에 적절한 방식으로 이용할 수 있다.

긍정적 그리고 부정적 전이의 인식의 시발점

긍정적 전이

이제 우리는 전이들 중에는, 특히 존중, 자존감, 인정, 호의적 평가, 감사, 그리고 영적 지도자의 이상화와 같은 감정적이고 긍정적인 전이 형태들을 다루는 데 필요한 몇 가지 일반적인 권장사항을 제안한다. 긍정적 전이는 지도자를 항상 기분 좋고 보람있게 하며 상대적으로 자신감 있는 지도자로 만들고, 영적 내담자와 현안에 대해 긍정적인 협력으로 지도자에게 진전이 있게 한다. 대부분 심리학자는 카운슬링 상황에서조차 경미한 정도에서 중간 수준에 이르는 긍정적 전이에 주목하면서도 기본적으로 무시하라고 권고한다. 이런 긍정적 연관관계의 입장에서 지도자는 점차 내담자의 신뢰를 얻을 수 있고 하느님에 대한 내담자의 관계에 계속해서 초점을 맞출 수 있다.

과장된 긍정적 전이는 영적 지도자, 특히 경험이 부족한 지도자들이 받아들이기에 더 불편하다. 감탄과 칭찬의 표현들은 너무 비현실적이어서 그런 기대에 부응할 수 없기에 이런 투사를 받는 지도자들을 극도로 불안하게 한다. 때로 지도자들은 내담자들이 믿기 원하는 만큼 훌륭하지 않다는 것을 보여 주는 실수를 하게 될 것이다. 지도자들은 자주 자신들의 불안을 줄이기 위해 즉각적으로 전이에 엮이기 시작할 것이다. 이런 경우 전이에 연루되는 것은 지도자의 관심사 안에 있기 때문에 – 내담자의 필요보다는 지도자의 필요에 부응하는 것 – 전이의 유형은 영적 지도 관계 자체의 정황 안에 대부분 그대로 남는다.

과장된 긍정적 전이의 경우, 지도자들은 슈퍼비전에서 그들의 불안과 불편을 더 유익하게 표현할 수 있다. 전이의 힘을 인정함으로써 그들의 건강한 유머 감각을 통해서 그리고 이런 투사들을 그들 자신의 우월한 재능의 증거로 취하지 않음으로써 어떤 관점을 획득할 수 있다! 지도자들은 또한 그런 내담자에서 경험한 느낌을 조사하고 내담자가 경험의 탐색을 막는 방식에 주목할 수 있다. 내담자가 지도자를 칭송하는 것은 지도자가 발견하길 원하지 않는 무엇인가를 피하기 위한 수단인가? 보통 슈퍼비전 세션 이후에 영적 지도자는 확신을 다시 얻고 영적 지도자 역할에서 자의식이 줄어들고 한층 자연스러움을 느낀다. 관계적 반응의 이런 정상상태는 내담자가 그들의 비현실적인 투사를 떨쳐내도록 돕는다.

부정적 전이

경미한 수준에서 중간 수준에 이르는 부정적 전이까지

유사한 양식으로 다루어질 수 있는 두 번째 다양한 전이는, 내담자가 일으키는, 경미한 수준에서 중간 수준에 이르는 예상치 못한 부정적 전이다. 위에서 언급했던 피정에서 자신의 경험중 일부를 드러내지 않았던 동성애 내담자가 그 한 가지 예다. 이 예에서, 부정적 투사는 권위에 대한 두려움에서 기인한다. 내담자들이 투사할 수 있는 여타 부정적인 느낌들로는 분노, 공격성, 질투, 경쟁심이 있다.

지도자들은 내담자의 표현되지 않는 느낌들을 감지하고 이로 인한 그들 자신의 느낌을 지각하고 느끼기 시작할 때 불안할 수 있다. 하지만 슈퍼비전에서 그것들을 논의함으로써 지도자들은 영적 지도 세션에서 그런 느낌들이 그들의 자유를 제한하는 것에 저항할 수 있는 기술을 배울 수 있다. 이런 연이은 성찰 과정에서 영적 지도자들이 슈퍼바이저에게 상처받을 게 분명하지만, 결과적으로 개인적으로 전문적인 성장을 하려는 지도자에게 도전이 되고 자아 인식이 확장될 곳이다. 만일 적절하다면, 능력 있는 슈퍼바이저는 지도자의 개인적 작업을 완성할 추가적 수단들을 확인하고, 특수한 영적 실천이나 기도의 형태들을 제안하며, 지도자의 영적 지도자(the director's spiritual director)와 함께 탐구하기 위한 내용을 제안하고, 그리고 아마도 성장을 위한 치유 작업의 필요를 암시함으로써 지도자를 도울 것이다.

내담자의 경미한 부정적 전이보다 훨씬 더 도전적인 상황은 특수한 내담자를 향해 지도자가 부정적 느낌을 인지할 때다. 이러한 경우 내담자는 피정기간 동안 피정지도자에게서 영향받을 수 있다. 만일 이런 부정적 반응이 아주 피상적인 첫인상에 기초한 것이라면, 그것은 지도자가 내담자와 실제로 관계 맺으면서 더 빨리 해소된다. 하지만 만일 지도자의 내담자에 대한 부정적 느낌이 첫 번째 세션 중의 몇 차례 만남에서 해소되지 않는다면 더 큰 도전이 생긴다. 만일 이런 부정적 느낌들이 내담자가 표현하는 전이적 분노, 증오, 질투 같은 것에 의해서 일어난다면, 영적 지도자는 가능한 한 이런 느낌들에 방어적이지 않도록 반응한다. 이러한 경험들은 영적 지도자에게 불편하고 또한 끔찍한 경험이다. 슈퍼비전에서 이런 느낌들을 단순하게 표현함으로써 지도자의 평정심과 소신에 도움이 될 수 있다.

강한 부정적 전이는 항상 슈퍼비전을 요구한다

만일 내담자가 지도자에게 강력하고 부정적이며 일차적인 느낌들을 일깨운다면 – 해당 지도자가 다른 이들로부터는 그런 반응을 거의 경험하지 않으며, 그가 내담자에게 너무 서투르게 반응하지도 않아서 그런 부정적 반응을 정말 이해할 수 없다고 가정한다면 – 이는 내담자에게 깊이 있는 치료가 필요하다는 것을 알려 준다. 슈퍼비전에서 지도자는 이런 전이를 다루는 데 있어서, 다른 누군가, 즉 더 숙련된 사목 카운슬러나 훈련받은 심리치료사에게 내담자를 상담하게 할지를 논의할 수 있다. 일상적으로 영적 지도자는 영적 지도에서 강력하고 부정적이고 끈질긴 전이를 성공적으로 다루기 위해 영적 지도자와 카운슬러로서 전문적인 훈련을 받아야 할 것이다. 지도자가 긍정적 관계를 만들 수 없는 누군가와 작업하는 것은 지도자에게는 정말 큰 도전이다. 만일 지도자가 내담자에게 일어나는 부정적 반응을 통제하기 위해 어렵게 씨름한다면, 그 지도자는 내담자에게 도움을 주지 못하고 끝내기 쉽다.

비록 영적 지도자가 전이를 촉진하려고 의도하는 것은 아니지만, 이러한 역동성은 단순히 도움을 주는 관계의 일부일 뿐이다. 세션이 더 빈번해지고 관계가 더 길어지며, 지도자가 더 모호해질수록 십중팔구 의미 있는 전이가 발전된다. 따라서 영적 지도자들은 슈퍼비전에 반드시 참석할 필요가 있다. 개인적인 혹은 집단적인 슈퍼비전은 지도자가 그들의 자기자각을 견지하고 역전이 반응을 최소화하도록 돕는다.

그룹 슈퍼비전은 그룹 구성원들 모두에게 비교적 도움이 된다. 영적 지도자들이 자신들의 작업에 대해 서로 성찰할 때, 그들 모두는 제시된 사례들로부터 이익을 취하는데, 그중 어떤 것은 자신의 내담자들과 유사한 경험을 참여자들에게 일깨울 것이다. 다른 사람들의 경험으로부터 배운 것은 도움의 방법으로 의식 속에 전이적 요소를 제공한다. 전이를 인지하고 그것에 적절하게 그리고 건설적으로 반응하도록 영적 지도자들을 보조하는 것이 슈퍼비전의 일차적 이유 중 하나다. 지도자의 역전이에 대한 성찰은 종종 지도자에게서 일어나는 것과 마찬가지로 내담자에게서도 일어나는 단서를 제공한다. 만일 지도자들이 그들의 영적 내담자에게 극도로 긍정적이거나 또는 극도로 부정적인 방법으로 반응했음을 자각하지 못한다면, 그들은 전이에 의해서 쉽게 혼동될 수 있고 효과적으로 내담자에게 봉사할 수 없다.

영적 지도의 본성 때문에, 슈퍼비전은 심리적 과정일 뿐 아니라 영적 과정이기도 하다. 지도자는 내담자들에 의해서 크게 영향받는다. 우리는 하느님이 내담자를 통해 우리와 접촉하고 작용하는 방식에 대해 그리고 그런 은총의 초대에 반응하는 방식에 대해 가까이 접근하고 성찰할 필요가 있다. 우리는 하느님의 돌보심에 유연해야 하고, 내담자에게 봉사하면서 자유로워야 하며, 우리의 세션에서 하느님의 안내에 응답할 수 있어야 한다. 우리의 지도 세션에서 전이와 역전이에 주목하는 것은 우리의 자기 인식을 증대시키고 더 큰 심리적 성장을 이루도록 초대한다. 유사한 방식으로, 우리의 내담자들이 우리에게 영향을 주는 방식들에 주목하는 것은 이 영역에서 우리가 지속적인 발전을 향해 나아갈 수 있도록 영적으로 이끌어 줄 것이기 때문이다.

영적 지도 관계에서 고유하게 일어나는 전이

전이와 역전이의 역동성에 대한 일반적 이해를 통해서, 우리는 이제 영적 지도 관계 자체의 본성 때문에 일어나기 쉬운 어떤 전이들을 규명하고 탐구할 수 있다. 이것들은 4가지로 구분되지만 겹칠 가능성도 있다.

- 지도자들은 내담자가 열망하는 영적 자질을 구현하거나 상징하기 때문에 내담자들은 자주 그들의 지도자들을 이상화한다.
- 내담자들은 그들의 영적 지도자와 하느님을 무의식적으로 융합할 수 있다.
- 내담자들은 영적 지도자를 자신의 영적 친구 관계로 관련지어서 특별한 애착을 발전시킬 수 있다.
- 내담자는 그들의 종교, 수도회, 지역공동체 같은 특정 종교기관과 그들의 지도자들을 동일시(identity)한다.

영적 지도자의 이상화

영적 지도자는 종종 내담자가 열망하는 영적 모델을 구현한다. 영적 지도자들은 종종 또 다른 공적인 사목활동이 왕성하기 때문에, 이런 전이는 복합적이며 특정한 지도자가 구체화해 주는 것처럼 인식되는 다른 특징들을 포함한다. 내담자들은 그들의 지도자가 신앙심이 깊고, 관상적이며, 평화롭고, 사랑이 넘치고, 현명한, 혹은 영적 권위(교사, 리더, 혹은 지도자)의 모델이라고 지각할 수 있다. 그들은 자신들의 지도자에게서 자신들이 되길 원하는 혹은 실상 이미

되어 가고 있는 사람을 만난다.

다수의 영적 지도자는 스스로가 내담자였던 경험을 통해 영적 지도자가 되는 것에 대해 많은 것을 배웠다는 것을 잘 안다. 우리는 도움이 되는 영적 지도가 어떤 것인지, 해로운 영적 지도가 어떤 것인지를 배웠다. 우리가 영적 지도자가 되었을 때, 우리의 고유한 개성을 통해 하느님이 다른 사람들에게 선한 일을 하시는 방식을 발견한다. 우리는 우리 지도자들의 존경스러운 자질과 행동을 자신만의 독자적 방식으로 구현함을 발견하게 되었다.

내담자들이 영적 지도자들을 이상화할 때 두 가지를 염두에 둘 필요가 있다. 첫 번째로, 먼저 위에서 긍정적인 투사에 대해 논했듯이, 우리는 과장함을 경계해야 한다. 우리는 내담자가 우리를 인정하는 만큼 그렇게 훌륭하지 않음을 인정해야 한다. 우리는 그러한 투사를 알아차리고, 그 속에 진실된 요소를 인정해야 하며, 그러면서도 그런 과장을 너무 심각하게 고려하지 않아야 한다. 또한 그 관계에서 우리의 인격적 통합과 전문적 책임성을 견지하는 것이 중요하다. 만일 우리가 내담자의 아첨을 믿기 시작하면, 지도자의 역할이 혼란스러울 것이다.

두 번째로, 일단 우리가 우리에게 투사된 자질들을 확인해 보고, 내담자가 이러한 자질들을 스스로 구체화해 반응하도록 도움을 주고 격려한다. 만일 그들이 이미 성장하고 있으며, 그들이 우리에게서 보았고, 매우 중요한 것으로 생각하는 "이상"을 그들에게 되비춰 준다면, 그들은 그것을 투사로 여기지 않고 자유롭게 물리치게 된다. 이런 과정에서, 초점이 내담자와 그들의 희망, 이상, 갈망들에 모아지고, 이런 것들이 그들이 열망하는 그 어떤 것임을 인식하도록 돕게 된다.

영적 지도자들은 하느님을 상징적으로 재현한다

영적 지도자들은 내담자들의 사유, 느낌, 그리고 그들의 하느님 경험의 기억들에 긴밀하게 연결된다. 절친한 영적 친구로서, 지도자들은 그들 내담자의 가장 중요한 삶의 경험들을 받아들이고 공유한다. 내담자의 종교적 경험에 지도자들이 주의 깊고 애정 어린 포용을 함으로써, 그들은 종교적 경험의 중요한 매개가 된다. 지도자들이 내담자가 하느님의 이끄심에 반응하고 하느님과의 관계를 심화하는 것을 도울 때, 내담자 대부분은 감사를 표현한다. 지도자들은 종종 내담자들을 애정 어리게 수용한다. 이 수락은 결국 하느님으로부터 직접 더 만족스러운 사랑과 수용을 받도록 그들을 돕는다. 그 결과, 내담자들은 때때로 그들의 하느님과의 관계에 곧바로 지도자를 엮어 넣는다.

우리가 좋든 싫든 또는 편하든 불편하든 간에, 지도자로서 우리는 하느님께 속해야 마땅한 전이를 내담자로부터 받게 된다. 이러한 전이는 보통의 권위 투사 이상의 것을 구상하는데, 그럼에도 그런 권위 투사 역시 계속 진행되면서 그것이 내담자와 하느님과의 관계를 방해할지 아니면 강화할지에 대한 몇 가지 힌트를 우리에게 제공할 것이다. 내담자가 하느님과 지도자를 직접 연결하는 이러한 전이는 보통의 권위 투사보다 훨씬 미묘하다. 지도자는 내담자의 삶 속에 하느님 자리를 차지하려고 부추기는 존재가 아니며, 그것을 양육하지 않으며, 편안하게 그것에 인내할 수 있는 능력이 필요하다.

내담자의 대화에서 영적 지도자가 반응하는 방법은 종종 하느님이 내담자의 삶의 이런 국면들에 어떠한 방법으로 반드시 응답하는지를 보여 주는 모상이다. 자주 강렬한 반사하기(mirroring) 과정이 일어나며, 이는 영적 지도의 정상적인 일부다. 내담자가 우리와 자신들의 삶을 공유함에 따라 그들은 그들 자신, 그들의 느낌, 그리고 앞의 장에서 기술했던 일종의 하느님과 인간의 친밀관계로 들어가는 능력을 더욱 인식하게 된다. 그 예화에서 지도자는 예수님이 다이엔을 친밀한 관계로 초대하기 위해 그녀에게 당신의 시중을 들어 주길 원하셨다는 사실에 당혹스러웠다. 그러나 다이엔이 경험한 중요한 체험이 어떤 의미를 뜻하는지를 받아들인 후에, 지도자는 그녀의 관심을 즉시 예수님께 다시 돌리도록 그녀를 부드럽게 초대한다. 그녀의 관상은 함께 목욕하는 장면으로 펼쳐진다.

우리 내담자를 위한 이런 하느님 반사하기는 긍정적 또는 부정적 유형을 취할 수 있다. 우리의 반응은 내담자의 하느님 관계를 촉진하거나 방해한다. 높은 단계의 현존, 감정이입, 조건 없는 사랑, 도전, 존경 등은 보통 내담자의 하느님 경험을 촉진한다. 우리가 이런 성질들을 끌어내지 못했거나 또는 내담자에게 불안, 분노, 판단, 혹은 완고함을 전달할 때 그들의 하느님 관계를 방해할 수 있다. 우리가 하느님과 같은 자리에 앉을 수는 없지만, 우리는 하느님과 두터운 관계를 맺게 된다. 이는 내담자가 우리에게 갖는 성스러운 신뢰에 대해 각별한 존경심을 갖고, 내담자들이 지도자와의 관계에서 하느님과의 관계로 일차적 초점을 바꾸는 것을 꾸준히 도와야 함을 의미한다. 또 다른 예가 이런 과정을 조명하는 데 도움을 줄 것이다.

한 수도자가 그가 청한 종신서원이 연기되었음을 영적 지도 과정에서 밝혔다. 그는 정말 당황하였고 거부당하고 상처받았다고 느낀다. 그는 공동체 몇몇 회원들과 잘 지냈고, 자신의 수도생활을 정말 좋아했기에, 퇴회하는 것이 더 큰 상실감을 가져다 줄 것을 알면서도 아예 공동체를 떠날지 의문을 품고 있다. 지도자는 성실하고 인내심 있는 경청으로 고통을 겪는 수도자의 경험에 가깝게 다가가 그의 상실에 대해 이해하려 노력한다. 동시에 지도자는 내담자가 경험하게 될 하느님의 격려와 긍정, 즉 하느님께서 조율하시는 과정이 촉진되도록 돕는다. 지도자는 하느님의 조율 과정을 자신 안에 구현함으로써, 이해하시고 공감하시는 하느님에 대한 체험을 내담자 안에 증진하는 데 기여한다.[11]

지도자가 이런 하느님 전이를 두려워한다면, 부적절한 종결을 통해 내담자를 포기하려는 유혹을 받을 수도 있다. 내담자가 하느님을 경험하는 것을 돕는 긍정적인 지도자가 없으면 내담자의 영적 성장에 심각한 장애가 될 수 있다. 지도자와의 관계의 종결로 환기되는 상실과 분노의 느낌은 내담자가 기도하는 것을 어렵게 만들 수도 있다. 하느님과의 이런 친밀한 경험을 지도자와 공유하는 데 익숙해져 있었던 내담자는 그런 기도 경험을 공유할 수 없게 되면 슬픔에

---

[11] C. Kevin Gillespie, "Listening for Grace: Self–Psychology and Spiritual Direction" in Robert J. Wicks, ed. *Handbook of Spirituality for Ministers*(Mahwah, N.J.: Paulist Press, 1995), 350~351. 젤피가 자아–심리학으로부터 심리적 개념들을 적용하는 이 과정에 수많은 예를 제공한다.

빠질 수 있다. 어떤 내담자들은 그러므로 이런 고약한 느낌을 피하고자 (2장에서 논의했듯이) 기도에 대한 저항을 발전시킬 것이다.

영적 지도 관계에서 이런 전이의 국면이 갖는 미묘함은 내담자와 하느님과의 참된 연결을 위해 지도자로서의 우리가 얼마나 중요한 존재인지를 인지하게 한다. 우리가 적절한 이유에서 완전히 그들과의 관계를 끝낼 경우, 그들은 잠시 하느님과 관계의 어떤 국면에서 상실을 겪을 수 있다. 만일 우리가 영적 내담자를 다른 지도자에게 위탁하거나, 보내거나, 내담자를 떨쳐낸다면, 종료 전에 몇 차례 과정을 더하면서 내담자가 변화에 잘 적응하도록 돕는다. 그 과정에서, 우리는 내담자들이 우리 없이도 하느님과 일차적 관계를 지속할 수 있도록 이 관계를 유지하는 노력이 필요하다.

일반적인 조언이 이러한 투사로 긴장해 있는 내담자에게 도움이 될 것이다. 언제나 지도자는 내담자가 하느님께 향하도록 부드럽게 지적하여, 그들의 기도 경험에서 우리와 유사한 그리고 우리보다 더 나은 방식으로 하느님이 그들을 위로하고, 편안하게 하고, 도전하고, 그리고 사랑할 수 있게 해야 한다.

지도자로서 우리는 우리의 내담자가 하느님을 그리는 방식을 탐구하기 위한 단서로 우리가 받는 투사를 이용하고 그런 투사의 뿌리에 있는 경험을 탐구할 수 있다. 우리가 긍정적 투사를 받는 만큼, 특수한 내담자에게서 하느님이 가혹하거나 처벌하는 분이라는 이미지를 갖고 있음을 암시하는 부정적 투사를 받기 쉽다. 시험 질문 형식으로 투사를 성찰하면, 내담자가 가진 부정적인 하느님 상을 의식하게 하여 그러한 부적절한 하느님 이미지를 수정할 가능성을 열어 준다. 예를 들어, 지도자가 묻기를 "하느님이 당신을 심하게 벌줄 것이라고 당신이 예상한다는 인상을 받는다. 당신이 생각하는 하느님이란 어떤 분인가요?"라고 말할 수도 있다.

우리는 영적 지도자 역할의 신성한 신뢰를 항상 주의 깊게 유지할 필요가 있다. 지도 세션에서 명백하게 하느님께 향하는 것은 내담자가 우리를 붙잡도록 하느님이 허용하기 때문에, 우리는 이러한 투사에 직면해도 크게 불안하지 않다. 의식적인 방법으로 하느님에게 방향을 돌리는 것은 하느님과 파트너 관계라는 절실한 느낌을 일깨워서 전이 때문에 혼란스러워지는 것이 아니라, 하느님께 의존하여 그분은 우리에게 영감을 주고, 궁극적으로 우리에게 도움을 주어 우리와 우리 내담자 모두를 위한 하느님으로 남게 된다.

성적 이끌림으로 대체된 지도자와의 영혼의 친구 관계

4장에서 우리는 지도자들이 내담자의 노골적인 에로틱한 신비 경험이나 그들 각자의 성 생활에 대해서 들을 때 불안하거나 불편할 수 있지만, 사랑의 신비주의에 분명하게 초점을 두었다. 우리가 무분별한 성문화에 흠뻑 빠져 살고 있기 때문에 그것은 최근에야 성스러운 섹슈얼리티의 어떤 형태로 인식되는데, 지도자들은 지도 세션에서 에로틱한 경험에 대한 대화를 마치 성적 호감의 표명인 것으로 잘못 해석한다. 성은 모든 인간관계의 한 영역이다. 에로틱한 전이는 지도자에게서 어떤 종류의 반응을 끌어낼 것이다. 최근 사목활동에서 공공연하게 알려진 성적 직권남용 상황, 지도자로서 우리의 반응과 이끌림을 주의 깊게 관찰하면서 영적 지도 관계를 성적으로 끌고 가지 않는 것이 중요하다. 그런 행동(성적)은 그들 삶의 종교적 영역에 지도자들이 연계되었기에 엄밀하게 말하자면 내담자들

에게 엄청나게 해롭다.¹²

4장에서 인간의 사랑과 성 간의 관계가 신성과 인성이 친밀해지려는 노력에서 발생하는 것을 탐구하였다. 문제를 가진 성적 관계 안에도 인간이 갈구하는 신성한 목표가 있음을 내담자와 지도자 모두가 놓칠 가능성이 있다. 제럴드 메이가 예리하게 지적하듯이, 관상적 경험 속에서 순수한 사랑이 분출되어 인간관계 속으로 쉽게 스며드는 것은 보기 드문 일이다. 내담자들이 이런 순수한 사랑의 원천이 하느님이라는 것과 그 사랑이 하느님에게로 초점이 맞추어져도 어떻게 인지할지 아직 모르기 때문에 이런 일이 일어난다.¹³

하지만 더 잘 이해되지 않는 종류의 지도자와 내담자 사이의 끌림이 있다. 내담자가 지도자의 영혼과 사랑에 빠지고 하느님과 친밀한 지도자를 통해서 그리고 지도자 안에서 하느님을 사랑하는 것을 발견한 지도자는 불안해질 수 있다. 지도자들은 이런 끌림과 낭만적 사랑을 쉽게 혼동할 수 있다. 이런 이끌림에 지도자들은 부적절하게 반응하지 말고 이런 끌림을 전이로 인지하는 것을 배울 필요가 있다.

이 경우에, 내담자는 지도자가 하느님과 그리고 내담자와 함께하는 방식을 배울지는 모른다. 이끌림은 영성적 차원에 근거를 두며, 일종의 영성적 친화력을 통해서 일어난다. 매력은 영적 차원에

---

12 Peter Rutter, *Sex in the Forbidden Zone*(Los Angeles: Jeremy Tarcher, 1989) 이 주제의 토의를 설명하기 위함. Jane Becker and David Donovan, "Sexual Dynamics in Ministry Relationships" in *Human Development* 16(Fall 1995): 23~27.

13 May, *Care of Mind/Care of Spirit*, 143~147.

뿌리를 두었으며, 일종의 영적 친화력을 통해 일어난다. 예를 들어, 수피즘(Sufism)에서는, 영적 스승이 그런 영적 끌림이나 조율을 통해 선택된다. 지도자가 내담자의 영적 성장에 매우 중요한 동반자라면, 이끌림은 내담자의 하느님 경험 및 하느님과 지도자의 매우 가까운 연대로 인해 더욱 강하게 될 수 있다. 이것은 새로운 경험이 아니다. 아빌라의 데레사는 『완덕의 길(The Way of Perfection)』에서 이런 관련성에 응답했는데, 거기서 그녀는 고백사제에게 호감을 느끼는 게 정상적이라고 수녀들에게 조언했다. 그녀는 우리 영혼에 도움을 주는 사람을 우리가 사랑한다고 주장한다. 그녀는 또한 사랑하는 관계에 대해서 지나치게 염려하지 않는 지도자가 되길 제안한다.

그럼에도 불구하고, 지도자가 이런 에로틱한 욕망의 끌림을 잘 못 해석해서 내담자를 거부하거나 지도 세션에서 거리를 둔다면, 내담자의 영적 생활에 커다란 해를 끼치게 된다. 대부분의 경우, 지도자는 이처럼 특수한 성질의 전이가 내담자에게 방해가 되는지 아닌지를 아는 것으로 충분하다. 긍정적 전이의 다른 예에서 우리가 논의했듯이 이와 같은 경우는 동일한 지침을 적용한다.

추가로 지도자의 책임은 필수적인 경계선을 유지하고 동일한 지침을 다른 사람에게 주어서 혼란 없이 각별한 사랑을 수용하는 것이다. 영적 이끌림은 상호 간에 매우 유혹적일 수 있다. 경험의 상호성을 찾기 위해 두 사람 모두에게 요구되는 것이 위대한 성숙이다. 비록 보통은 오직 은총만이 영적 지도 관계에서 표현되지만, 거기에는 은총과 영감의 상호성이 있다. 아주 성숙한 내담자들에게, 이런 관계에서 특수한 사랑의 종류를 인지하고 긍정하는 것이 도움이 될 수 있다. 무엇보다도 둘 다 그 관계를 낭만화하거나 성애화(性愛化)

하려는 시도를 의식적으로 거부한다.

영적 지도자가 받는 제도적 전이

다른 사목자들처럼, 영적 지도자들도 전 교파, 지역교회, 수도생활, 사제, 또는 종교나 영성에 관련된 다른 단체와 같은 특별한 종교단체를 대표한다. 대부분 내담자는 종교적 직책을 가진 사람들에게 대하듯이 영적 지도자에게 존경심을 갖고서 접근한다.[14] 모든 영적 지도자들이 여타의 공식적인 사목활동에서 자신들의 지역교회와 밀접한 관련은 없지만, 대부분 내담자가 지도자들에게 제도적 기대감을 갖는 전이가 일어날 수 있다. 이런 전이는 지도자들이 영적 지도에서 벗어나 성무집행, 교육, 강론 같은 또 다른 역할로 재빨리 옮겨가도록 자동적인 반응을 불러일으킬 수 있다. 영적 지도는 어떤 내담자들이 어른스러운 자아와 종교적 제도의 관계 속에서 신앙을 발전시킬 수 있는 특권적 장소일 수 있다. 이 경우에, 영적 지도자들은 전이를 인지하고 내담자가 종교적 경험과 비판적 성찰에 기초해서 성숙한 결정과 신앙에 투신하도록 초대한다.

영적 지도자는 슈퍼비전에서 이러한 투사들을 알아차리고 그들이 편하거나 불편한 것을 유익하게 처리하고 인식할 것이다. 내담자들에 대해 느끼는 지나친 책임감에서 자유롭고, 동시에 제도적 영역 안에서 우리의 역전이를 책임감 있게 다루는 것을 당연하게 생

---

14 James O. Loughrun "Transference and Religious Practice," *Journal of Pastoral Care*(September 1979), 185~189. "종교적 행동"조차도 유일한 전이의 목적이 될 수 있다.

각하는 것은 대부분 지도자에게 남아 있는 도전적 과제다.

이 장에서, 우리는 전이와 역전이로 알려진, '가정적' 관계에서 상호성의 현상을 탐구해 왔다. 이런 경험은 도움을 주고받는 어느 관계에서나 존재한다. 비록 영적 지도자들이 전이를 해석하거나 분석하기 위해 임상적 훈련이 필요한 것은 아니지만, 우리는 일반적으로 전이의 기본적 이해와 그것이 우리에게서 다양한 반응을 일으키는 방식을 알 필요가 있다. 슈퍼비전 과정을 통해 전이 반응들의 몇몇 국면들을 인지하도록 배우는 것은 내담자에 대한 우리의 반응에서 혼동하거나 무책임하지 않고 내담자와 하느님과의 관계에 초점을 맞추는 지도자로서 우리의 능력을 강화할 수 있다. 전이에서 성질과 느낌을 성찰하는 것은 내담자들이 우리에게 하듯이, 우리가 어떻게 하느님을 인지하고 관계 맺는지를 더 잘 이해하도록 도울 수 있다. 영적 지도 관계에서 특수한 '가정적' 관계의 면모들로부터 배워야 할 것들이 많이 있다.

성찰 과제

- 특히 당신이 '가정법적(as if)' 관계를 되돌아볼 때, 어떤 내담자가 생각나는가?

- 내담자들이 당신에 대해서나 당신이 재현하는 어떤 것에 대해 가질 수 있을 법하다고 당신이 느끼는 '표현되지 않는 느낌'이란 무엇인가?

- 당신은 내담자와 당신이 탐구하길 바라는 영역들에 대해 안내자로서 어떻게 이런 자각을 사용할 것인가?

- 당신이 내담자와 함께할 때 당신은 무엇을 느끼는가? 그것들은 다른 내담자들에게서 당신이 보통 느끼는 방식과 다른가? 혹은 당신의 내담자에 대한 느낌, 행동, 집착에 독특한 무엇인가가 있는가? 당신의 내담자와의 세션에서 전형적인 상호교환이나 패턴을 가능한 구체적으로 기술해 보려고 노력하는가?

- 이 장을 읽는 동안 '아하' 하는 순간이 어디에서 있었는가? 지도자나 내담자로서 당신에게서 진행될 법하다고 당신이 느끼는 것은 무엇인가?

- 슈퍼비전 세션에서 당신은 내담자 역할-연기를 고려해 볼 수 있다. 당신의 슈퍼바이저나 동료들이 당신에 대한 당신 내담자의 느낌과 투사를 규명하고 그것들을 당신에게 되돌려 반영할 수도 있다.

후기

『천상의 대화』를 마무리하면서, 나는 영적 지도자들이 당면한 문제와 논란이 있는 주제 중 몇 가지에만 역점을 두고 다루었다. 우리 각자는 계속해서 우리의 영적 지도 기술을 연마하고, 우리 자신의 영적 여정 중 하느님 안에서 놀라운 여정으로 나에게 선물로 다가온 특정 내담자들과의 관계 안에서 성숙해 간다. 내담자들과의 이러한 교류는 자주 우리의 성찰을 자극하고 마음을 휘저어 놓는다. 이러한 성찰과 애정이 때로는 특정한 한 명의 내담자에게만 국한되고, 하느님의 성령께서는 우리 각자를 하느님과의 더 큰 친밀감 안으로 살짝 밀어 넣기 위하여 그들을 이용하신다. 다른 경우에는, 내담자들이 줄줄이 비슷한 주제와 패턴을 보이기 시작하는데, 나는 이러한 통찰이 다수 청중에게 해당되는 것이 놀랍다. 얼마나 많은 지도자와 그들의 내담자가 다른 사람을 의식하지 않고 비슷한 영역을 횡단하였을까?

나는 지도자들을 도울 수 있는 영적 발달과 방법 중에서 더욱 성숙한 역동들의 일부에 대하여 이루어진 이 성찰들은 신비 전통에서 겨우 한 요소만을 나타낸다는 것을 예민하게 의식한다. 이 책을 통하여 나는 신적 사랑의 길은 사랑 그 자체가 근본적으로 긍정적 방법들(kataphatic ways)로 나타난다는 것을 분명히 강조한다. 4장에서 논의한 것처럼, 사랑의 신비주의는 이미지, 정감, 사고, 그리고 갈망을 사용한다. 우리의 전통은 이 길에 대하여 우리를 신중하게 교육했기 때문에, 나는 계속해서 (그 경고의 진실성에 대하여 식별하는 데 도전하고 전통에 따른 일관된 식별기준에 의존하면서) 기도에서 일어나는 경험과 사건들뿐만 아니라 개인의 삶의 전체적인 질과 경향을 평가한다.

신비적 변형의 과정은 우리의 실제적인 삶 안에서 발생할 수밖에 없다. 나에게는 오랫동안 영적 지도 관계를 맺어온 몇 분의 내담자들과 함께하는 특권이 주어졌고, 내 연구의 일부인 인터뷰는 내가 함께 이야기를 나누었던 남녀들의 경험에 새로운 지평을 열게 하였다. 20년에서 30년이 넘도록 인내하며 늘 신앙생활을 한 사람 중에는 나의 저술에서 그들의 경험을 발견할 것이다. 나의 표본연구로 인터뷰할 사람들을 추천해 주었던 몇몇 영적 지도자들은 이 책에서 내가 묘사한 역동성의 종류에 대해서 확신을 주었으며 – 갈망, 저항, 하느님과의 친밀함의 증대, 그리고 사랑의 신비주의를 통한 내적 움직임에서 하느님과의 상호성에 이르는 데 관련된 – 그것은 많은 사람이 생각하는 것보다 훨씬 더 공통적이었다. 칼 라너는 이것이 사례가 될 것이라고 확신하였다. 그는 그리스도인의 미래는 이런 종류의 신비적 발달에 달려 있다고 강하게 주장하였다.

영적 지도에 관한 폭넓은 대화에서 영적 여정에 관한 변화를 강조하는 한편, 나는 많은 사람이 인내하는 하느님 부재의 새로운 경험에 대해서도 의식하였는데, 하느님의 부재를 경험하고 있음에도 여전히 인내하며 자신들의 여러 기도와 영적 훈련을 계속하였다. 깊은 후기 산업사회의 특징으로 인한 혼란과 패러다임의 변화 때문에 우리 중 일부가 분열과 어둠을 겪는다. 하느님 체험은 상실, 무의미함, 그리고 공허함이라는 배경에 대항해서 드러난다. 그럼에도 이 길은 주어진 인간의 삶 안에서 그것이 영속적이든 아니면 일시적이든, 역시 갈망을 일으키고 우리가 하느님의 상호성의 여러 형태 안에서 그 결실을 드러낸다. 그것에 대해서는 다른 사람들이 나보다 훨씬 감동적으로 글을 써 놓았다.

비록 나와 함께 그들의 삶을 나눈 내담자들이 이러한 문화적 변동과 곤경에 의해서 영향받을지라도, 대체로 그들은 자신들의 삶의 어떤 국면에서 강렬한 형태의 고통과 소외를 경험하고 하느님이 동시에 존재하는 현존의 아름다움과 사랑 어린 친밀감을 통하여 하느님의 자기소통을 인식하도록 그들을 불러낸다.

영적 지도의 "시작을 넘어서", 그리고 영적 삶의 시작을 넘어서면 어떠한 일도 일어날 수 있다. 사목활동에서 영적 지도자의 숙제는 꾸준히 영적 지도의 기술과 예민함을 키우는 것이다. 그럼으로써 하느님의 성령이 우리를 인도하고, 우리를 유연하게 만들어 주시며, 하느님께서 선택하시고 자신을 드러내 보이신 우리의 내담자에게 모든 방법으로(그들에게) 봉사할 수 있도록 우리를 충분히 견고하게 만들어 주신다는 확신이 있다. 우리 자신의 삶뿐만 아니라 우리 내담자들에게서 "새로운 경험들"을 조금씩 모으고, 받아들이고, 그리고 대면함으로써, 우리가 영적 지도자가 되는 길에서 "시작을 넘어서"면서, 이상하게도 항상 시작이라는 것을 발견할 것이다. 하느님께서는 우리를 깜짝 놀라게 그리고 매혹시키는 일을 멈추지 않으시길 바란다.

편집 후기

각 수도회마다 피정 동반과 영적 세미나를 통해서 2000년도 이후부터 많은 노력을 하고 있음에도 불구하고, 보다 체계적이고, 공개적이고 대중적인 접근이 필요하다고 느껴서 저의 은사인 프랭크 후우덱 신부님의 책인 "성령께서 이끄시는 삶"이라는 영적 지도의 안내서를 2004년에 번역하였습니다. 개별적인 상호간의 대화를 확인할 수 있는 영적 대화를 책으로 또는 세미나로 할 수 있는 노력은 예술가 정신으로 표현됩니다. 수십 년의 경험을 통해서 정리한 것을 보편화시킨 것이 책에서 상호간의 긴밀한 대화를 알 수 있습니다. 특별히 여성들과 수녀님들을 위한 영적 성장을 위한 힘겨운 노력에 조금이나 도움을 주고자 『천상의 대화(*SPIRITUAL DIRECTION: Beyond the Beginnings*)』라는 책을 선정하여 읽으면서, 여성들에게 정말 도움이 된다고 확신하고 저자를 찾아가 번역 허락을 받았습니다.

매년 피정을 하려는 사람들에게 피정 지도자의 선택은 현실적으로 제한되어 있으며, 특히 여성 지도자에게 피정과 영적 대화를 한다는 것은 흔치 않습니다. 하나는 남성 위주의 피정 지도와 영적 동반이라는 것이며, 또 다른 면은 흔치 않는 여성 지도자 부족이라는 점입니다. 여성들의 당면한 문제는, 남성 지도자의 입장에서 여성을 지도하는 남성적인 시각과 성차를 이해하지 못하는 한계점, 여성 지도자의 입장에서는 피정과 동반 경험이 부족한 점입니다. 더 심각한 점은 한국에서 피정 지도자를 자신의 기호대로 선택할 수도 없지만, 여성이 여성 지도자를 회피하는 현실도 있습니다. 제니퍼 러핑의 책인 『천상의 대화(SPIRITUAL DIRECTION: Beyond the Beginnings)』에서는, 성차로 인한 시각의 차이와 다른 점을 보완하고 다양함을 지닌 영적 지도가 되기 위한 방향을 제시합니다. 이 책에서는 영적 지도가 일종의 예술적인 기술로 인간의 영혼을 동반함으로 강조하기 위해서, 원의, 저항, 신비주의, 영신수련, 심리학의 전이와 역전이 등등을 언급합니다. 위에서 언급하는 내용들은 남성 지도자에게 많은 도움을 줄 뿐만 아니라 반드시 고려하여야 할 분야일 것입니다.

지난 10년간 영적 지도와 피정 지도로 만난 분들을 통해서, 이 번역서의 내용을 이해할 수 있었고 또한 재해석할 수 있는 기회가 있었습니다. 영적 상담과 피정을 통해서 새로운 이해와 경험을 영적인 만남을 통해서 남성적인 사고와 글자 그대로의 번역을 벗어날 수 있었습니다. 또한 교정을 통해서, 김지연 선생님의 영적 경험을 함께 나눌 수 있었던 기회에 감사를 드립니다.

이 책을 출판하도록 격려와 도움을 주신 다니엘 키스터 신부님, 윤종옥, 김지연, 김지환, 박영선님께 진심으로 감사를 드립니다.

2017년 7월

엄영섭